U0651705

好销售都是讲故事高手

[日] 川上徹也 ◎著　朱悦玮 ◎译

CNS PUBLISHING & MEDIA 湖南文艺出版社 HUNAN LITERATURE AND ART PUBLISHING HOUSE 博集天卷 CS-BOOKY

著作权合同登记号：图字 18-2019-001

图书在版编目（CIP）数据

好销售都是讲故事高手 /（日）川上徹也著；朱悦玮译 . — 长沙：湖南文艺出版社，2019.9
ISBN 978-7-5404-9340-0

Ⅰ . ①好… Ⅱ . ①川…②朱… Ⅲ . ①销售—方法 Ⅳ . ① F713.3

中国版本图书馆 CIP 数据核字（2019）第 148456 号

上架建议：经管励志

HAO XIAOSHOU DOU SHI JIANG GUSHI GAOSHOU
好销售都是讲故事高手

作　　者：[日] 川上徹也
译　　者：朱悦玮
出 版 人：曾赛丰
责任编辑：薛　健　刘诗哲
监　　制：蔡明菲　邢越超
策划编辑：李齐章　蔡文婷
特约编辑：万江寒
版权支持：金　哲
营销支持：傅婷婷　文刀刀　周　茜
整体装帧：梁秋晨
出　　版：湖南文艺出版社
（长沙市雨花区东二环一段 508 号　邮编：410014）
网　　址：www.hnwy.net
印　　刷：北京嘉业印刷厂
经　　销：新华书店
开　　本：875mm × 1270mm　1/32
字　　数：100 千字
印　　张：6.5
版　　次：2019 年 9 月第 1 版
印　　次：2019 年 9 月第 1 次印刷
书　　号：ISBN 978-7-5404-9340-0
定　　价：42.00 元

若有质量问题，请致电质量监督电话：010-59096394
团购电话：010-59320018

作者序

依靠一般营销手段的时代过去了！

什么是“卖东西的傻瓜”？

当看到标题的时候，或许有的读者会感到很气愤吧。

请不要误会。这本书绝没有将“卖东西的人”当成傻瓜的意思。其实我很尊重商人。只要大家读完这本书就明白了。

这个“傻瓜”其实是个爱称，指的是“明明很努力，却因为努力的方向不对而难以取得成果”的“傻瓜”。

只要把东西（商品）摆出来就能迅速卖光的时代早就过去了。现在的情况是，不管多好的商品，如果只是摆出来而不进行任何营销，照样卖不出去。在这个商品难以卖出去的滞销时代，我们需要一种全新的销售方法。

如果你还没有意识到这一点，那么在读完本书之后，请一定尝试一下我提到的新方法，这也是我创作这本书的初衷。

什么是“除商品以外还销售其他东西的店铺”

如今，几乎所有的店铺都可以大致分为两类：

“只销售商品的店铺”和“除商品以外还销售其他东西的店铺”。

或许有人会问：“什么是除商品以外还销售其他东西的店铺？是说那种提供服务的店铺？”实际上，服务也是一种商品。

以我们买东西为例，有时候我们想买的是“商品本身”，而有的时候我们想买的则是“商品之外的其他东西”。

比如这种情况。

我家旁边新开了一家咖啡店。我偶尔会去那里喝咖啡，但有时候我都走到店门口了结果并没有走进去。

并不是因为里面没有座位，柜台旁边还有许多空位子，但沙发上都坐满了。在这种情况下我就会选择去别的咖啡店。

我之所以去咖啡店，是因为想坐在沙发上悠闲地读一读新买的书。

如果没有沙发的话，我宁愿换一家店。也就是说，我在这家咖啡店购买的并不是咖啡这个商品，而是能够悠闲地读书的空间和时间。

还有一个例子。

某个小镇里的小书店总是聚集着许多顾客。明明在旁边就有一家大型的综合书店，不管是书籍的种类还是数量都比这个小书店要多很多，而且大书店距离车站更近。既然如此，为什么小书店里总是有这么多顾客呢？

因为这家小书店里有桌子和椅子。顾客们可以一边品尝咖啡和茶，一边举办读书会，或者互相学习英语，进行各种各样的交流。很多来这家小书店的顾客，目的不只是“买书”，更是“通过书与人交流”。

这样的店铺，卖的就不只是“商品本身”，更是“商品之外的其他东西”。甚至可以极端点地说，主要卖的就是“商品之外的其他东西”。

当然，这些销售“商品之外的其他东西”的店铺之中也是有商品的，就像那家咖啡店里卖咖啡，小书店里也卖书。他们也是通过销售这些商品来盈利的。只不过对顾客来说，购买商品并不是他们前去这些店铺的主要目的罢了。

如果只是想喝咖啡的话，可以通过自动贩卖机购买，便利店里卖的咖啡也很好喝。想买书的话，大书店品种齐全，通过网络购买更能享受送货上门的服务。显然这样的消费行为效率更高。消费者在绝大多数情况下都会追求更高效率的消费行为也是事实。

然而，人类也并不是永远都在追求效率，因为那样会使心灵变得疲惫。所以有时候人类会为了放松心情，而专门去找一些不怎么有效率的消费方式。也就是说，消费的目的不只是商品，更重要的是商品之外的其他东西。

只卖商品容易陷入困境

“只销售商品的店铺”生意是否兴隆由价格、位置、商品种类等效率因素决定。如果是便利店和快餐店等大型连锁店的话，可以凭借以上几点获取巨额的利润。在以前，即便是小企业或者店铺也可以仅凭销售商品来实现盈利。

但是小企业和店铺仅凭销售商品就能够盈利的时代已经过去了。现在的情况是，只销售商品很容易陷入无以为继的困境。

因为是咖啡店所以卖咖啡。

因为是书店所以卖书。

因为是酒馆所以卖酒。

因为是文具店所以卖文具。

因为是花店所以卖花。

因为是面包店所以卖面包。

因为是牙科诊所所以卖牙齿治疗服务。

因为是加油站所以卖汽油。

因为是房地产商所以卖房子。

因为是印刷公司所以卖印刷品。

因为是铁路公司所以卖火车票。

如果小企业或店铺依旧沿用上述的思考方法，就很难在未来生存下去。越是小企业或店铺，就越是不能只销售商品本身。

为什么？

商学院案例里完全没有提过的“热销”现象

一种蔬菜，比超市价格贵很多却销量火爆。

一种苹果，味道与普通苹果没有明显区别却让人无论如何都想品尝一次。

一家公司，销售随处可见的办公用品却拥有极高的知名度。

一家园艺用品店，因为与顾客一起种植柠檬而生意兴隆。

一家超市，通过展现店长与店员的个性而摆脱经营危机。

一名新干线上的售货员，销售同样的便当却比别人销量高几倍。

如今，在世界各地都有像这样在商学院案例里完全看不到的“热销”现象。

商品究竟为什么热销呢?

商学院的案例告诉我们，商品热销的要素是“价格”“品质”“广告”“流通”。确实，这些都很重要。

但是如果仅凭这些要素来进行竞争的话，绝大多数小企业或店铺很快就会走投无路。

下调“价格”或许能够在短期内起到一些效果，但结果是降低商品的“价值”。而且一旦出现品质相同但价格更低的商品，那么被价格吸引而进行购买的顾客很快就会流失。

既然如此，用“品质”来一决胜负怎么样呢？商品的品质当然是越高越好，但许多企业都在追求对消费者来说并不需要的“品质”和“服务”也是事实。实际上，这种微不足道的品质提升对绝大多数消费者来说都是可有可无的。想凭借品质来实现差异化非常困难。

同理，凭借“广告”和“流通”也很难在竞争中获胜。更重要的是，这两种方法都要耗费不少成本。

事实上，能够凭借“价格”“品质”“广告”“流通”这几个要素来一决胜负的只有大企业或者拥有在行业中属于顶级品牌商品的公司。

如果你在这类公司里工作，并且公司有充足的预算，那你完全可以试一试上述方法。但如果并非如此的话，用上述方法可以说是毫无胜算。

“不销售商品”却生意兴隆的店铺有什么特点?

如果不在“价格”“品质”“广告”“流通”这几个要素上战胜竞争对手的话，自己的商品就完全卖不出去吗?

不不不，完全不是那样。

就算在这些要素上完全不占优势，仍然有很多商品一直保持热销，有很多店铺一直生意兴隆，有很多公司持续保持成长。

这些店铺或公司不但没有压低商品的价格，甚至价格比别人还要高一些。其商品在品质上也没有什么过人之处，甚至没有铺天盖地的广告宣传，也没有特别强大的流通手段。

既然如此，为什么会热销呢?

这是因为消费者在购买商品的时候，除“价格”“品质”“广告”“流通”之外，还有其他的“选择要素”。也就是除了销售“商品”还要销售其他的要素。

本书将对这一要素进行详细的分析，并通过丰富的案例来为大家讲解如何在实践中进行应用。

那么，这个要素究竟是什么呢?

简单说来，就是“故事”。

或许你会说：“原来是故事啊，我好像以前就在什么书里看过了。”

确实，很多书里都提到过“销售商品关键在于销售故事”。

但是，什么样的“故事”能够打动消费者的心？怎样才能有效地将“故事”传达给消费者？

那些书都没有对这些问题进行说明。

好销售
都是讲故事高手

/

目录

Contents

第一章 销售中，你我最常遇到的 7 个销售问题

~ 消费者购买的不只是商品 ~

第二章 成功法则一：如何找到自己的故事？

~ 挖掘自己的故事 ~

第三章 成功法则二：什么是打动人心的故事？

~ 故事的三大黄金法则 ~

第四章 成功法则三：怎么用故事来塑造有魅力的企业？

~让价值“可视化”的三支利箭~

第五章 成功法则四：如何用故事来销售？

~与消费者交心的七大魔法~

第六章 成功法则五：什么是故事销售的核心？

~ 一切从人出发 ~

好销售
都是讲故事高手

/

序　章

故事就是用来拯救“被埋没的商品”

- 案例 1：美国著名广告人霍普金斯如何用一句广告词，让排名第五的啤酒公司跃升为行业第一
- 试着用故事将商品本身拥有的价值传达出去
- 随处可见的普通商品就没有“故事”可讲了吗？错！
- 所有员工都了解自家公司的“品牌故事”吗？
- 将信息故事化，往往能传播得更久远
- 价格、品质、广告、流通要实现差异化难于登天，代入娱乐元素有如拨开云雾
- 不卖商品，卖故事！

“故事”这个词在我们的日常生活中可以说很常见。不管是大事还是小事，没有经过严格的定义就被称为“故事”的情况屡见不鲜。

另外，还有很多人误认为“故事”特指编造出来的事情。但实际上，就算给一个不靠谱的商品强行编造一个“故事”，很快就会因为其缺乏深刻的内涵而被消费者看穿。

商业行为中的“故事”不能靠编造，只能靠发现。有时候只要换一个视角，就能发现之前一直都被忽视的“故事”。在世界各地，一定存在着许多明明很优秀但因为宣传不力而“被埋没的商品”吧。

“故事”的责任就是让这样的商品重放光芒。

☑ 案例 1:

美国著名广告人霍普金斯如何用一句广告词，让排名第五的啤酒公司跃升为行业第一

20 世纪初期，美国著名广告文案撰稿人克劳德 · 霍普金斯曾经用一条广告，让原本在行业内排名第五的公司跃升为行业第一。

当时的啤酒企业宣传的既不是“价格”，也不是“口感”，更不是“酒精度”。

在行业内排名第五的施利茨（Schlitz）啤酒公司委托霍普金斯替他们做个广告，霍普金斯要求去酿造车间参观。当时，每一家啤酒公司都在强调自己啤酒的“纯净”。但是，这种单纯的强调并不能给消费者留下深刻的印象。霍普金斯希望通过参观啤酒的酿造过程来获取一些新的创意。

工厂参观之行令霍普金斯大为震惊，因为在工厂的所见所闻他之前一点也不知道。每个啤酒瓶在灌装啤酒之前都要经过高温蒸汽的清洗，

管道要每天清洗两次以防混入杂质，酿造啤酒使用的水是从地下深处取出的纯水。

回到办公室后，霍普金斯激动地问施利茨啤酒公司的负责人：“为什么不将这些事情传达给消费者呢？”但对方冷静地答道：“因为大家都是这样做的啊，如果不这样做的话就生产不出好啤酒。”

尽管所有啤酒公司都这样做，但所有啤酒公司都没有将这个事实传达给消费者。如果将啤酒的生产工艺传达给消费者，那么他们一定会感到非常惊讶。霍普金斯立刻以“纯净的啤酒”这一概念为基础，想出了“经高温蒸汽清洗的啤酒”这一广告宣传语。他将宣传的焦点放在了在灌装之前用高温蒸汽清洗啤酒瓶这个“故事”上面。

但是施利茨啤酒公司的管理层对这个广告持反对意见。他们的理由是“用高温蒸汽清洗啤酒瓶是啤酒公司的通用做法。拿这种事情做宣传根本没用”。

出乎他们意料的是，这条广告一经刊出就引起了巨大的反响，施利茨啤酒公司也连续几个月都占据着销量第一的宝座。虽然是在行业内众所周知、理所当然的事情，但对消费者来说很有可能是第一次听说的“故事”。当消费者了解到商品的生产流程，对商品产生信赖感之后，自然就会成为企业的忠实用户。

霍普金斯也从这次成功经验中学到了下文提及的原则，并且在将这一原则应用于其他行业的广告时取得了同样的成功。“即便是在行业内众所周知、理所当然的事实，如果其中一家企业率先进行了宣传，那么这家企业的商品就将永远独占这一好处。”

试着用故事将商品本身拥有的价值传达出去

施利茨啤酒的故事发生在 20 世纪 20 年代。在如今市场已经十分成熟的情况下，要想让消费者成为企业的忠实用户可就没那么简单了。

只聚焦在商品上的故事很容易让消费者感到厌烦，所以必须在故事中添加许多要素才行（只要读完本书你就会知道这些要素都是什么）。

但最根本的思考方法仍然没有变化，那就是“将商品本身拥有的价值通过故事传达出去，引起消费者的兴趣”。如果在故事中含有能够打动对方的要素，就会引起对方的共鸣，这样消费者就会产生强大的购买欲望。如果买到的商品能够超出消费者的预期，消费者就会变成这一商品的忠实用户，甚至主动进行宣传。这样一来，商品的销量就会越来越好。

将商品本身拥有的价值通过“故事”传达出去，可以使商品得到公正的评价。

但很多企业或店铺并没有意识到自己的商品所拥有的价值。

或者就算意识到了，却没有很好地传达出去。

这真是太遗憾了！

随处可见的普通商品
就没有“故事”可讲了吗？错！

现在大家都知道“发现隐藏在商品之中的故事”有多么重要了。但或许有人会说，我卖的是随处可见的普通商品，恐怕很难用“故事”的方法来促进销售吧？

这种担心是多余的。即便是随处可见的普通商品，也一样能用“故事”来促进销售。

诚然，生产商更容易通过“故事”来促进销售，面向普通消费者的商品更是如此，因为自己生产的商品里面肯定存在着什么“故事”。就算现在还没发现，但只要仔细在生产过程中寻找，就一定能够让“故事”浮现出来。

零售行业中的“餐饮店”和“甜品店”之类的店铺也很容易利用“故事”来促进销售。理由也很简单，除连锁店之外，每个店铺都在生产和销售自己独特的商品，那么当然会有一些“故事”隐藏在其中。

对有些行业来说，确实难以通过商品的“故事”来促进销售。比如在生产上没有什么特殊技术的生产商、批发商和代理商等以商品和服务为媒介的行业，还有销售普通商品的零售业，比如“家电卖场”“药妆店”“酒馆”“加油站”“花店”“超市”“便利店”等。

在这些行业里难以与竞争对手实现差异化是无可争议的事实，而且自己很容易陷入价格竞争的泥沼之中，这样一来大型企业就会在竞争中占据优势。甚至还有像“书店”那样连价格竞争都无法进行的行业。对消费者来说，不管在什么地方购买都一样，这当然也是对大型企业有利。

那么，这些行业的企业或店铺就无法通过“故事”来促进销售了吗？

答案是否定的。在这种情况下，就需要将“故事”的焦点放在商品以外的地方。比如，经营者的“理想”和“信念”都可以成为“故事”。

除此之外还有很多东西都可以作为“故事的种子”。比如“体验”“人与人之间的联系”“社会贡献”“坦诚”“关心员工”“愿景”“无微不至的服务”“经营者的人生态度”“创业者的理念”“员工的性格”“销售方法”“附赠礼品”“店面的陈列方法”“包装”“放松的心情”“交流”“惊喜”“秘密”“超出期待的服务”。

只要能够找出这些“故事的种子”，将“种子”培养成能够引发消费者共鸣的“故事”，哪怕你的企业或店铺销售与提供的是随处可见的普通商品和服务，也仍然可以变得与众不同。

就算现在你连“故事的种子”都找不到，也不用着急，你完全可以从现在开始“种植”和“培养”。本书将在第二章中对如何“种植”和“培养”故事做通俗易懂的解说。

所有员工都了解
自家公司的“品牌故事”吗?

企业或店铺在传达“故事”的时候，很容易将传达的目标锁定在顾客身上。顾客诚然很重要，但员工和家人的支持更加重要。如果没有员工与家人的支持，不管是企业还是店铺恐怕都难以长久地生存下去。

要想获得员工与家人的支持，企业或店铺的“理想”“哲学”“世界观”就不能只向外界传达，更要在内部普及。也就是要为员工指明企业或店铺“前进的方向”。

在指明“前进的方向”时，“故事”也是非常有用的武器。

为什么呢?

因为通过“故事”可以更好地共享目标。

如果员工们都拥有相同的目标，那大家就会更加认真地工作。而且通过在内部共享目标，还可以将这一目标逐渐地传达到外界，这样与目标有共鸣的顾客就会成为企业或店铺的忠实用户。最终的结果自然是使企业或店铺长期地发展下去。

这就是“故事的力量”。

怎样才能确立与传达故事，并且以此来获得顾客的支持呢?我将在本书的第三章、第四章、第五章和第六章中为大家进行详细的介绍。

将信息故事化，往往能传播得更久远

早在文字发明之前，人类就懂得通过“故事”来传递重要的信息。虽然要想将重要信息传递给子孙后代，最简单的做法是将要点罗列出来，但人类还是选择了“故事”这种方法。

因为“故事”具有使人产生共鸣的力量，产生共鸣才能让顾客真正地接受，产生共鸣才能让“故事”留存在顾客记忆之中，留存在记忆之中才能继续传递给他人。另外，“故事”还可以将失败总结成经验讲述出来。所以在很早很早以前，人类就开始采用“将信息编成故事讲述出来”的方法。

关于人类的几大发明众说纷纭，但我个人认为，应该是“语言”“故事”“文字”。

当然，“故事”也不是万能的。有时候为了指明“前进的方向”，用简短的一句话总结出理念，将事实罗列出来或者有逻辑的叙述或许更简单，更有说服力。

价格、品质、广告、流通要实现差异化难于登天，代入娱乐元素有如拨开云雾

我在创业之前，曾经作为广告公司的员工为许多大型企业制作过广告，策划过促销和市场营销活动。我从销售部门转岗到创意部门之后，主要负责广告和促销视频的制作。我从上学的时候起就对戏剧和电影很感兴趣，参加工作后又去专门的学校学习了很多写剧本的方法。写剧本的方法在制作广告的时候也能够派上用场。成立公司之后，我在作为广告文案撰稿人展开工作的同时，也为舞台剧和电视剧等娱乐节目撰写过剧本。

有一次，某大型文具生产商想以商业为题材制作一款游戏，邀请我加入项目组，于是在项目组成立的时候我就成了故事监制与负责人。当时项目总负责人说的一句话，我至今记忆犹新。

“像这种工作可是很难找到合适的人选呢。毕竟像川上先生您这样既了解商业又了解娱乐的人并不多。”

听他这么一说倒也确实如此，但当时我并没有意识到这是自己的长处，也没有强调过这一点。因为我觉得自己不管在商业方面还是娱乐方

面都只是个半吊子而已。坦白地说，当时正是我感觉自己的工作处于瓶颈的时期。

多亏了这个项目，我开始认真地思考将娱乐的要素导入商业之中的可行性。在像日本这样商品与服务都极其成熟的市场里，仅凭“价格”“品质”“广告”“流通”等要素实现差异化简直难于登天。但我发现在这个滞销的时代，娱乐是个促销的有效手段。

我在广告行业掌握的“销售方法”“创造话题的方法”，在专门学校学到的“打动人心的法则”，作为广告文案撰稿人领悟到的“语言的力量”，这些原本分散的技巧逐渐组合到了一起。终于，我发现了自己的“故事”。

不卖商品，
卖故事！

从那以后，我就开始研究“将故事的力量导入商业活动之中的方法”。我发现了能够打动人心的故事法则（“故事的黄金法则”，参考第三章），并且在 2008 年出版了自己的第一本商业书（《用故事来推动工作》)。随后，我又出版了关于故事在商品和公司中发挥作用时不可缺少的三要素(《故事营销的三支利箭》，参考第四章)以及加深与顾客关系的市场营销方法(《爱情故事战略》，参考第五章)等书籍。

现在，我通过对企业提供顾问服务以及演讲活动，开始普及“将故事的力量导入商业活动之中”这一思考方法。可能有自夸的嫌疑，但在关于“用故事促进销售”“用故事打动人心”的问题上，我相信自己比任何人都更加熟悉。

本书作为到目前为止的集大成之作，会将之前在多本书中展开的故事理论和法则进行归纳与总结。

在销售商品的时候，想仅凭“价格”“品质”“广告”“流通”等要素来实现差异化难于登天，更要花费高昂的成本。

“不用钱，用智慧！”

“不卖商品，卖故事！”

如果本书能够为大家提供一些灵感，那将是我最大的荣幸。

第　一　章

销售中，你我最常遇到的 7 个销售问题

~消费者购买的不只是商品~

0　0　1

- 案例 1：大头菜销量一般，改名“蜜桃芜菁”却大卖
- 销售问题①　客户满意还不行，十分感动才能成为回头客
- 销售问题②　不能提供打动内心的东西，99% 的顾客会忘了你
- 销售问题③　随意降价有风险，搞不好产品价值也会跟着消失
- 销售问题④　“特制”“精选”之类的宣传语根本没效果
- **要想顾客选择你，先让他对你的故事感兴趣**
- 案例 2：汤头、特制配料、店主的经历……，可以讲故事的元素有很多
- 销售问题⑤　公司简介不是故事，要传达你对产品的热情
- 销售问题⑥　市场营销中的“故事”最好别虚构
- 销售问题⑦　喜欢讲故事是人类的固有特质
- 善用“故事”的七大好处
- 故事也并非万能

☑ **案例 1：**

大头菜销量一般，
改名“蜜桃芜菁”却大卖

不知道你对“芜菁”（大头菜）这种蔬菜有没有兴趣呢?

我这样说或许种植芜菁的农户会不太高兴，但因为芜菁没什么味道，所以很多人都不怎么喜欢吧?

“芜菁”中有一种叫作“白灵”的品种。这个品种皮薄个小，主要用于生拌沙拉。

只了解这些信息的话，恐怕你还是不会萌生“购买”这种芜菁的想法吧?

不过有一家公司，给这种芜菁取了个好听的名字叫作“蜜桃芜菁”，并且连同故事一起将其变成了一个非常热销的商品。这家公司就是Oisix。

Oisix 成立于 2000 年，是一家主营生鲜食品的电商。因为生鲜食品不便于物流运输，所以在此之前从没有人进行过尝试，而 Oisix 将这一业务经营得风生水起，堪称行业先锋。

蜜桃芜菁是 Oisix 成立数年后推出的第一个热门商品。这个品种原本是千叶县的农户田中一仁精心培育的品种，被当时刚刚入职 Oisix 不久的新人采购员小堀夏佳慧眼识珠发掘出来。

小堀在田中的农田里参观学习其他农产品的生长情况时，发现了整齐地排列在农田里的芜菁。芜菁并不是完全生长在土里的，而是有大约一半的部分露在外面。之前并不了解这一点的小堀一下子就被芜菁的样子吸引了，感慨道:“芜菁好像士兵一样，排列得好整齐啊！”

田中当场从农田里挖出一颗洗干净之后递给小堀道:“这个还很好吃呢。”小堀品尝过之后更加惊讶，因为这个品种的芜菁不但味道甘甜而且水分十足，她不由得脱口而出："好像蜜桃一样。"

"为什么这么好吃的品种不多种一些呢？"小堀问道。得到的回答是"颜色不好看，而且种植起来很困难"。白灵这个品种因为皮太薄，所以只要用水一洗就很容易变色。

而当时市场对芜菁的评判标准是"又白又大"。所以不管白灵这个品种味道多好，只要不符合评判标准就很难有市场。另外，因为白灵味道太甜很容易招虫，果实比较软不耐风雨，所以种植起来十分困难。

但小堀认为消费者一定会喜欢这个品种的芜菁，于是拜托田中明年多种一些。另外小堀还觉得"白灵"这个名字不吸引人，她根据这个品种甘甜多汁的口感将其命名为"蜜桃芜菁"。

第二年，小堀将自己发现"蜜桃芜菁"的过程编成了一个故事，与农户田中的照片一起刊登到网站上。结果很多顾客都对这种芜菁产生了兴趣，尽管蜜桃芜菁的价格比超市里卖的芜菁贵很多，但订单还是如同雪片一般飞来。从那以后，蜜桃芜菁就成了 Oisix 最有代表性的热销产品。

日本的农产品绝大多数都是通过全国农业协同组合连合会（简称农协，JA）流通的。在这种情况下，农产品的生产者完全没有露面的机会。农产品在超市中都被统一标示为“××县产”。

如果白灵这个品种是通过农协的渠道流通，那么在超市中销售时标签上只会写着“芜菁（千叶县产）”，不但价格与其他芜菁相差无几，更不会得到消费者的狂热支持。

实际上如今日本的很多商品都处于这种不幸的状况之中。不只是农产品，那些因为没能将本来存在的价值准确地传达出去而导致滞销的商品简直堆积如山。

以前只要品质与价格合适，商品就卖得出去。但现在并非如此。

这是为什么呢？

销售问题①

客户满意还不行，十分感动才能成为回头客

在市场营销里有一个词叫作“顾客满意”（Customer Satisfaction）。

顾客满意的概念最早于19世纪80年代诞生于美国，很快就被导入日本。从此以后，很多日本企业都以让顾客感到满意作为自己的目标。你的企业或店铺一定也在追求让顾客满意吧？

当然，让顾客满意这个目标本身没有任何问题。但对商品和服务的成熟度已经达到世界一流水平的日本来说，“顾客满意”不一定意味着“真正的满意”。

大约 10 年前，“顾客满意”在日本还是一个很有效的武器。当然即便到了现在，对大企业和连锁店那样的营业者来说，“顾客满意”仍然是非常重要的因素。因为在某种程度上，这关系到顾客会不会变成回头客。就连中国、印度以及东南亚等之前对商品和服务的满意度不太重视的国家和地区，如今也对“顾客满意”这一要素开始重视起来。

然而，对日本的小企业和并非连锁店的小店铺来说，情况就不一样了。实际的情况是，即便顾客感到满意也仍然不会成为回头客。

让我们站在顾客的立场上想一想吧。

假设有一家餐厅，你第一次去这家餐厅吃饭。这家餐厅的菜品味道不错价格也很合适，当天你吃得很满意。那么，你以后会经常去这家餐厅吗?

再比如家庭旅行时去的温泉旅馆，大家都说“很不错”，感到很满意，但第二年的时候你还会去那家旅店吗?

在网店买了当时价格最便宜的电器产品，商品准时送达，质量也让你很满意，你下次还会再去那家网店购买吗？

答案都是“不一定”吧？

销售问题②

不能提供打动内心的东西，99% 的顾客会忘了你

你之所以不会成为那些店铺的回头客，是因为那些店铺“没有给你留下深刻的印象”。

换个更简单的说法就是“忘记了”。

现在让我们回到店家的立场上来。如果自己的店铺竟然如此轻而易举地被顾客忘记了，肯定很让人伤心吧。毕竟店主对自己的店铺倾注了大量的心血，他们肯定想不到自己的店铺竟然会被曾经光顾的顾客一下子就忘记了。但对顾客来说，确实是很快就忘记了。

连锁店随处可见，所以就算顾客忘了，再次看见的时候也还会想起来。如果顾客在日常生活中有需求的话，去连锁店会感觉很安心，而且在光顾的时候也不会对连锁店抱有过多的期待。也就是说，连锁店只要

达到“满意”的级别就可以让顾客成为回头客。

著名的大企业也一样。光是企业的名字就能够给顾客带来安心感，接下来只要商品或者服务达到满意的级别就有很高的概率将顾客变成回头客。

但小企业和店铺的情况就完全不同了。仅凭“顾客满意”并不能使顾客获得真正意义上的“满意”。因为现在日本几乎所有的产业都已经十分成熟。顾客对商品和服务感到“满意”已经成为理所当然的事情。只是感到“满意”无法给顾客留下深刻的印象。所以顾客很快就会将店铺忘记，更别说成为回头客了。

当然，我并不是说“顾客满意”没有用，让顾客感到“满意”是最低限度的要求。拉面店的拉面要是不好吃那肯定是不行的，温泉旅馆要是服务恶劣、饭菜难吃，那谁会去这样的地方住宿呢？

我的意思是，只有“满意”是远远不够的。

要想让你的商品、企业、店铺持续保持成长，那就必须在令顾客感到满意的基础上，进一步提供能够打动顾客内心的东西。只有这样，才能让自己留在顾客的记忆里。

销售问题③

随意降价有风险，搞不好产品价值也会跟着消失

那么，为了留在顾客的记忆里，用降价的方法怎么样呢？

价格是刺激顾客购买欲的重要因素。如果是相同商品的话，绝大多数人都会选择价格便宜的。所以降价确实能够在短期内取得效果。特别是对大型企业和连锁店来说，价格是决定胜负的有效手段之一。

但是，如果你的公司既不是大型企业也不是连锁店，那绝对不要采取降价的战术，因为这相当于自掘坟墓。

就算降价之后销量暂时得到了提升，但这些顾客都是被价格吸引来的，一旦竞争对手给出更低的价格，这些顾客就会迅速流失，你要与之对抗就只能进一步降低价格。而结果显而易见，那就是经济实力雄厚的大企业将是最后的赢家。

另外，降价还会使商品和服务的价值下降。

2008 年，加利福尼亚理工大学与斯坦福大学商学院的研究者公布了一项研究结果：商品价格越低，消费者消费时的幸福度就越低。

研究者召集了许多喜欢喝葡萄酒的学生，给他们喝许多种不同的葡萄酒，并告知其葡萄酒的价格，同时对他们大脑内各个部分的活跃程度进行监测。

虽然实际上所有的葡萄酒只有 5 美元、35 美元和 90 美元这 3 个价位，但研究者故意告诉学生们有 5 个不同的价位。其中 5 美元的葡萄酒和 90 美元的葡萄酒被分成两个不同的价格让学生们喝了两次。

结果学生们一致认为这 5 种葡萄酒的味道都不同，而且价格越高的葡萄酒喝起来口感越好。对大脑进行的监测结果也证明，当学生们喝被告知价格较高的葡萄酒时其幸福度也较高。

通过这项调查可以看出，即便是价值 90 美元的葡萄酒，如果以 10 美元的价格销售那它就只有 10 美元的价值，而价值 5 美元的葡萄酒如果以 45 美元的价格销售的话其价值也会提高到 45 美元。当然，我并不是鼓励大家去漫天要价。那样做的话迟早会败露，从而导致信誉扫地。

组织这次试验的研究者之一，斯坦福大学商学院的巴巴 · 西弗教授提出了以下观点。

“绝对不能为了增加销量而降低价格。消费者或许在购买廉价的商品时会感到一时的喜悦，但在真正消费这个商品的时候会因其较为廉价而难以感到喜悦。”

旅馆的房费就是个很好的例子。或许打折能够暂时地吸引到顾客，但旅馆的品牌形象会因此受到损害。顾客在这家旅馆住宿时会难以感到喜悦，最终影响他对旅馆的整体评价。

尤其是对小企业和小店铺来说，决定胜负的因素一定不能是“价格”而应该是“价值”。通过差异化来创造“价值”，一旦顾客在你的企业、店铺和商品之中发现“价值”，那么自然会愿意支付与之相应的“价格”。

而要想创造出这样的“价值”，一个合适的“故事”是必不可少的。

销售问题④

“特制”“精选”之类的宣传语根本没效果

那么，用商品的品质来一决胜负如何？

如今在日本销售的商品和服务，可以说全都达到了较高的水准。

想要找一家味道不好的饭店相当困难，在街边随便买一块面包或者蛋糕吃起来都很美味，文具和电子产品很少出现质量问题。所有商家提供的都是高品质，价格也与之相符的商品和服务。现在任何商品和服务都可以说是“特制”和“精选”的，要想找到不是“特制”和“精选”的反而非常困难。

在这种情况下，要想提供“完全胜过其他商品的特别商品”“仅此一家的服务”难于登天。普通程度的“特制”和“精选”根本无法抓住顾客的心。

在餐饮店和旅馆的官方网站和宣传册上经常能够看到“精选食材”“特制方法”“舒适空间”“极品料理”“真心服务”之类的宣传语。

店家或许是想将这些内容作为特别的卖点进行宣传，但在消费者看来这样的宣传完全是千篇一律，根本无法给人留下深刻的印象。说得不客气点，这种宣传语根本没效果。

像这样用毫无新意的抽象形容词来进行宣传无法打动消费者，必须用更加具体的故事将“特制”和“精选”宣传出去，只有这样才能吸引顾客前来。

如果没有这个故事，顾客就无法知道你对商品倾注的心血。

要想顾客选择你，先让他对你的故事感兴趣

让我们来想象一下。

假设你出差来到一个陌生的城市，肚子饿了想去吃拉面，但是人生地不熟的你也不知道哪家店好吃。换作平时的话倒是可以用手机查询附近的店铺，然后浏览其他顾客对店铺的评价再做出选择，但出差时并没有那么多时间。

就在这时，你在道路两边各发现了一家拉面店，这两家拉面店不管外观还是店名都十分相似，你也不知道哪家更好。我们假设这两家店分别为 A 和 B。

A 的店门前挂着一个广告牌，上面写着“精选食材特别制作”。

B 的店门前也挂着一个广告牌，上面写着“为了给顾客送上最美味的拉面，店主品尝过全国 1000 家拉面店后又经过多年研究才终于做出了这一碗”，旁边就是店主的大照片。

你会选择哪家店？

绝大多数人都会选择 B 店吧？

这是为什么呢？因为你感觉到 B 店有“故事”。

☑ 案例 2：

汤头、特制配料、店主的经历……，可以讲故事的元素有很多

接下来让我们以拉面店为例，来看看究竟应该如何发现商品的“故事”。不管是拉面本身还是拉面之外，都有许多堪称“故事素材”的要素。

拉面本身具备以下要素：

“面”……粗细、弹性、小麦粉的种类、碱水

“汤”……汤汁用什么食材熬制而成，熬制时间、秘制酱汁

“叉烧”……猪的品种、猪肉的部位、制作方法、柔软度

“配料”……使用了哪些配料，产地、制作方法

“制作方法”……面的煮制方法、时间

还有“小菜”“副菜”“调料”，等等。

拉面之外具备以下要素：

“店铺”……位置、外观、内部装饰、餐具、筷子等

“店主、店长”……对拉面倾注的热情、理念、人生信条、兴趣

找出上述要素中可以做“故事素材”的，经过组合与打磨使其变成“故事”并且传达给消费者。

原创拉面的开发故事

专注于食材与制作方法的热情故事

自己为什么想要开一家拉面店的情感故事

小时候第一次品尝到拉面时的回忆故事

强调唯一不肯妥协之处的坚持故事

为什么继承了代代相传之传统的传承故事

采用了多少最新技术的科技故事

除上述内容之外，还可以从其他许多角度来进行思考。至于故事的传达方式可以线上和线下同时进行。线上就是网站、微博、微信等，线下则是实体店的广告、传单、宣传册之类。

但有一点必须注意，那就是绝对不能虚假宣传。故事必须是真实存在的。商业活动中的“故事”并不是虚构出来的。有的商品因为原本具有的商品价值没有被合理地传达出来而遭到了埋没，故事的作用就是让这些商品发挥原本的价值。

销售问题⑤

公司简介不是故事，要传达你对产品的热情

接下来我们看一个通过传达“故事”引起许多顾客共鸣的公司的案例。

位于大阪的一家小型纳豆生产企业“小金屋食品”在为消费者提供高品质商品的同时还很善于利用故事促进销售，因此获得了许多消费者的支持并且经常得到媒体的报道。这家公司的故事就是“创业者（现社长的父亲）对纳豆的执着”。

这家公司的创业者在二战后不久便以学徒的身份从山形来到大阪，从头开始学习纳豆的制作方法，后来他与妻子创办了一个小工厂，努力生产适合原本讨厌纳豆的大阪人口味的纳豆。就在他生产的纳豆逐渐得到顾客认可的时候，工厂却被大火烧毁。他并没有因此而气馁，反而很快就振作起来，只用了一年的时间就重新建起了工厂，再次将热情都倾注在生产纳豆上。

阪神大地震的时候，有一些在震灾中幸存下来的店铺发来订单，但通往神户方面的物流路线受震灾影响彻底瘫痪，商品无法送达，他就自己开着冷藏车去送货。家人因为害怕他出危险都强烈反对，他却说："不能让喜爱我们纳豆的顾客久等。"于是来回驱车 19 小时给订购的店铺送货。后来他因为罹患癌症去世，临终前的最后一句话是："我还想再做纳豆。"他甚至将自己的生死置之度外，心里想的只有制作纳豆。

他的女儿、现任社长吉田惠美子，原本一点也没有继承家业的打算。只是因为不忍心让父亲的心血白白浪费才继承了家业。但因为她对经营一窍不通，所以纳豆的销量持续下滑，公司的经营也陷入了困境。

在这种情况下吉田开始寻找自己公司“独特的价值”。她知道用价格和广告来进行竞争的话肯定无法胜过那些大型企业，所以她找到的关键词是“手工制作”。她将之前使用的机械设备全部废弃，专注于纯手工制作。

但仅仅是纯手工制作还无法吸引到足够的关注。于是吉田又将父亲对纳豆的感情写成了故事，努力将这个故事传达出去。她重新制作了官方网站的页面，将之前对原料和制造方法的介绍换成父亲的故事。此外，她还坚持使用故乡山形的纳豆制作方法，不添加纳豆菌直接用稻草包裹纳豆进行制作。

结果她公司的知名度越来越高，回头客也越来越多。如今她公司的纳豆已经成为商场中最受欢迎的商品，她的公司也成为大阪最有代表性的公司之一，经常得到媒体的报道。

由此可见，在传达自己对产品的坚持时还要同时传达故事。只有这样才能够引起顾客的共鸣，使顾客愿意购买你的产品，更愿意和他人分享你的故事。

销售问题⑥

市场营销中的“故事”最好别虚构

顾客被故事吸引就会愿意购买商品。

同时，顾客对商品的满意度也会相应地提高。如果是食品的话，顾客就会觉得更好吃。以大阪的纳豆为例，当顾客了解到创业者及其女儿的故事之后，就会觉得纳豆变得更加美味了。

前文中提到过的 Oisix 的社长高岛宏平就说过这样的话。

“将食物与隐藏在食物背后的故事搭配在一起品尝，会比单独品尝食物感觉更加美味。”

那么，在市场营销之中，“故事”究竟指的是什么呢?

我给出的定义是这样的:

用来对顾客、员工以及交易对象进行宣讲的，关于“个人”“企业”“店铺”“商品”等真实存在（非虚构）的故事和愿景。

其中“真实存在”这部分尤为重要。

也就是说，市场营销中的“故事”与小说、电影、电视剧等娱乐“故事”之间存在着根本性差异。

不同在哪?

最大的不同就是目的性。

娱乐“故事”的主要目的是让观众享受“故事”本身的乐趣。与之相对，市场营销“故事”只是一种促销的手段。

引起消费者的共鸣，使其愿意购买商品和服务，这才是市场营销“故事”的真正目的。

所以市场营销“故事”不需要像纯粹的娱乐“故事”那样需要有很长的篇幅、复杂的情节以及文学性，而应该尽可能地简单直接、通俗易懂。

销售问题⑦

喜欢讲故事是人类的固有特质

为什么用“故事”来进行宣传能够取得更好的效果呢?

归根结底，是因为人类本身就是非常喜欢“故事”的动物。

虽然关于这个问题我无法在理论上给出明确的解释，但早在文字发明之前，人类就一直有故事流传下来，这是谁也无法反驳的事实。世界上的任何一个民族都有世代相传的神话和传说。

尽管不同民族拥有不同的食物、文化以及人种，但那些神话和传说的内容与结构都惊人地相似。虽然现在仍然有很多民族没有自己的文字，但所有的民族都有自古流传下来的“故事”。

如果只是想将信息传达给子孙后代，那么只要将信息逐一罗列出来就足够了。可是古人选择将其编成故事流传后世，因为我们的祖先知道，想要向别人传达一件事情的时候，讲述故事是最好的方法。

即便在现代也是如此。书店里种类最多的就是小说和漫画，电视上最常播放的是电视剧，电影院更是随处可见。现在我们创造的故事数量多到令人难以想象。

另外，现在因为拥有微博、微信、推特等自媒体，向外界传递信息也变得更加容易。

今后日本将延续老龄化社会的趋势，而且从今往后的老年人都是经历过泡沫经济的一代，他们追求的是有故事性的商品，即便价格稍高一些也无所谓。

由此可见，“故事”将成为决定商品销量的重要因素。

我将市场营销中使用“故事”的好处进行了总结。

大体上可以分为以下七点。

善用“故事”的七大好处

①可以引起消费者的兴趣

市场营销中使用“故事”的第一个好处，就是可以引起消费者的兴趣。

相信有很多人都是因为小时候看了与历史有关的漫画、小说或者电视剧而对历史产生兴趣的吧。

通过故事这种形式，可以自然而然地使消费者产生一睹为快的欲望。

②可以让消费者代入自己的感情

优秀的“故事”能够让人代入自己的感情。

读者将自己的感情代入到主人公身上，从而成为主人公的支持者。

小说和电影是虚拟的故事，必须让读者和观众将自己的感情代入到主人公身上才能够成立，因此必须设置很多引人入胜的情节。

而商业活动中的故事则不用那么复杂，只需要一个“差不多的故事”就完全可以让消费者代入自己的感情。

你肯定也有过这样的经历。

看电视的时候，偶然看到之前并不熟悉的运动员或演员的采访与介绍。不知不觉间你就会将自己的感情代入进去，然后对他（她）产生兴趣，成为粉丝。

如果将运动员或演员换成公司、店铺或者商品也一样。

即便对人、公司或者商品毫无兴趣，一旦了解了隐藏在其背后的故事也会将自己的感情代入进去。人类就是这样一种动物。

而最终的结果就是成为支持者。

③容易留在消费者记忆里

用“故事”来进行传达，还有容易留在消费者记忆里的优点。

关于这一点，有如下几个理由。

一个是连贯效果。与单独的点相比，人类的大脑更容易记住连贯性的东西。

另一个就是能够将感情和记忆联系起来。

人类的大脑有这样一种机制，那就是对感情出现剧烈波动时发生的事情记得非常牢固，基本上不会忘记。

绝大多数人都不会记得自己一周前吃的午饭是什么，但在感情出现剧烈波动时发生的事情，比如极度惊喜、愤怒、悲伤、快乐的时候所发生的事情，就算经过几年甚至几十年也仍然记忆犹新。

而就算没有剧烈的感情波动，只要是自己感兴趣的事情，人类也能够牢牢记住。最典型的例子就是，学生时代老师讲的课程我们都不记得了，但老师讲过的笑话我们记得清清楚楚。

④在消费者心中形成独一无二的形象

在当今日本，想用一句话使公司和产品的特征与竞品形成差异非常困难。因为在消费者看来，你所强调的那些特征都是没有什么太大区别的东西。

但用“故事”来进行传达的话，就可以很容易地使自己与其他公司和产品区分开来，实现差异化和独特化。因为在故事中出现的人物完全不同，根本不可能有一模一样的两个故事。

因此只要通过故事来宣传自己，就可以使自己成为独一无二的存在。

⑤失败经历更容易引起消费者共鸣

能够讲述失败经历也是“故事”的特征之一。

比如你想找一家供应商，在浏览其中一家备选公司网站的时候看到其在公司简介上列举了自己的失败事例，那么你会怎么想呢？

你肯定会觉得这家公司不靠谱吧？一般人都会有这种担忧。

所以大部分公司在简介上都会列举自己的成功事例。

但是，如果将失败和挫折作为“故事”讲述出来，反而会引起对方的共鸣。

大家都看过那些介绍成功人士人生经历的电视节目吧？这些电视节目有一个共同点，那就是一定会强调“失败”“挫折”以及“缺点”。

甚至可以说，如果一个人从没遭遇过任何失败和挫折，人生一帆风顺，那么他就没有上这种节目的资格。一个人越是经历过“失败”和“挫折”，越是有“缺点”，也就越有“人情味”，更容易获得他人的支持。

这种情况不只限于成功人士。如果你有部下的话，那么与其对他们讲述你的成功经历，不如多说说你的失败经验。这样不但更有教育效果，而且还能加深你和部下之间的关系。

企业和商品也一样。

比如前面提到的那个公司简介，如果能够以故事的形式完美地传达出去，那么失败事例反而能起到积极的作用。当然，最后一定要有如何在失败后取得如今成绩的故事作为总结。

能够讲述“失败”也是“故事”最大的优点。

⑥展望未来会激励消费者一起参与

一个优秀的“故事”可以使所有人共享关于未来的愿景。

当拥有共同的愿景之后，人们就会愿意参与这个故事。

经营者和领导者应该向公司内外传达充满魅力的“未来故事”。这个故事一定要有吸引力，才会有人愿意参与。同时还要注意，故事中提出的志向不能太远大如同空中楼阁，也不能太低下让人提不起兴趣。

一个优秀的“故事”可以使所有人共享愿景，吸引他们采取行动。

⑦可以让消费者主动帮你做宣传

人类在遇到打动自己内心的“故事”之后，会很愿意将这个故事与他人分享。你在看到令人感动，或者觉得有趣的小说或者电影时，一定也想介绍给别人看看吧。

公司、店铺、商品等也是一样。只要有一个能够打动人的“故事”，别人就会愿意帮你宣传，这就是口碑。

一直以来，口碑就是促进商品销售的重要因素，进入互联网时代之后，口碑的力量变得越来越大，传播的速度也越来越快。只要企业或店铺传达的故事能够通过口碑流传开来，那么商品自然就会热销。

综上所述，在市场营销中使用“故事”具有许多好处。

故事也并非万能

前面说了这么多“利用故事促进销售”的好处和优点，但事实上“故事”也不是万能的。

接下来让我们看一看“故事”这一促销方法存在的缺点。

①有时候强调理性更有效

“利用故事促进销售”的方法主要是刺激消费者的感性部分，但人类的消费行为并不总是被感性所左右。更准确地说，在绝大多数情况下，人类的消费行为都是由理性决定的。消费者往往会根据价格和便利程度来进行选择。有时候根据商品和店铺所在的位置，强调理性的部分会更有效。

②“故事”有可能遭到厌恶

尽管绝大多数消费者都很容易被故事吸引，但也存在相反的情况。在这个世界上确实有那么一部分人非常讨厌这种促销方法，所以认清你的顾客群体究竟属于哪种类型也是非常重要的事情。

③有可能造成巨大的负面影响

如果“故事”讲得很好，但关键的商品出现了品质问题，那就会造成巨大的负面影响。另外，如果“故事”属于虚假宣传那就更加致命了。

虽然“故事”具有上述这些缺点，但从总体上来说还是利大于弊的，希望大家都能够积极地尝试一下“利用故事促进销售”的方法。

好销售
都是讲故事高手

第　二　章

成功法则一：如何找到自己的故事？

～挖掘自己的故事～

0　0　2

- **随处可见的商品也能有故事吗？当然可以！**
- 想不出故事可以先从这六个方面寻找
- 案例 1：同样是豆芽，为什么消费者偏偏想买“羁绊豆芽”？
- 加上公益故事，消费者更愿意买单
- 案例 2：美国运通公司通过“消费一次捐出 1 美分”，让业绩增长 28%
- **用体验来增加附加值，消费者更愿意光顾**
- 案例 3：在函馆幸运小丑汉堡，体验现做、新鲜、分量大的幸运
- **不只食材，更惊艳的是主题乐园里的尊贵**
- 案例 4：让观光客体验“日本文化”，再偏远也会有回头客
- 案例 5：花卉店在线分享“与大家一起栽培柠檬的乐趣”
- 让故事和商品高度契合，才能产生长效的影响力

随处可见的商品也能有故事吗?
当然可以!

说起“利用故事促进销售”，肯定会有人提出这样的意见。

“我店铺卖的都是随处可见的商品，根本找不到能讲的故事。”

“我们公司从事的是与法人对象的交易活动，怎样才能从中找出自己的故事呢?”

确实，现在有很多店铺提供的都是几乎相同的商品与服务。

比如药妆店、便利店、文具店、书店、家电大卖场、加油站、酒馆、出租车、花店、洗衣店，等等。虽然其中有些行业可以通过进货渠道和销售方法来实现差异化，但也有一些行业甚至连这一点都难以做到。

这样的行业就很容易陷入价格战的泥潭，但也有像书店和出租车公司这样连价格都无法随意更改的行业，还有像加油站、便利店以及文具店那样存在许多交集的行业。

另外像保险、房产中介、搬家公司之类的服务，可以说不管在哪家店铺购买服务都一样。像建筑和装修等行业，对消费者来说其中不同商家之间的差别也很难区分。

工业产品的销售、代理、批发、物流配送等主要面向法人对象的交易与服务，因为不管哪家企业提供的内容都一样，所以也很容易出现价格竞争的情况。

既然如此，这样的行业就没办法“利用故事促进销售”了吗?

答案当然是否定的。

想不出故事可以先从这六个方面寻找

与自己生产商品的制造商、餐饮店以及食品销售企业相比，前面提到的那些行业确实很难从商品上找到故事的灵感。

如果你从事的是上述行业，那么目标就是在商品之外找出“故事的种子”，并使其生根发芽。

商品之外的“故事的种子”可以从以下这些方面寻找。

“理想”“信念”“愿景”等自身对商业活动的感情或者想法。

“体验”“关系”“交流”等通过公司、店铺或者商品获得的东西。

“创业者的追求”“经营者的成长”等领导者的个人事迹。

“服务”“陈列”“商品种类”“店员个性”等店铺的特色。

“社会贡献”“地区贡献”“关怀员工”等对外界做出的贡献。

“出人意料”“超出预期”“充满乐趣”等令人心动的服务。

就算你销售的商品与其他人都没什么太大的区别，你仍然可以从许多角度找到“故事的种子”并使其生根发芽。

☑ **案例 1：**

同样是豆芽，
为什么消费者偏偏想买“羁绊豆芽”？

你喜欢吃豆芽吗？对豆芽有什么特别的要求吗？

或许有许多人都喜欢吃豆芽，但对豆芽有特殊要求的人恐怕就很少见了吧？绝大多数消费者在买豆芽的时候都会优先考虑价格便宜的。

豆芽，顾名思义，就是豆子刚刚发出来的芽，一般情况下都是在工厂里培育出来的。虽然培育是在日本进行，但用来培育的绿豆基本都是进口的，其中从中国进口的数量占 90%。由于近几年来中国产的绿豆价格大幅上涨，导致豆芽生产企业就算提高了销售价格仍然难以盈利。

于是其中一家企业开始在孟加拉国生产绿豆并将其进口到日本，然后在日本进行培育和销售。孟加拉国产的绿豆不但价格比中国产的更便宜，而且供应也更加稳定。

在知道了这些信息之后，你会想要购买这家企业的豆芽吗？

只是绿豆的产地从中国变成了孟加拉国，恐怕还难以吸引消费者争相购买吧。

但有一家公司，将用孟加拉国产的绿豆培育出来的豆芽命名为“羁绊豆芽”，并且连同故事一起积极地进行销售。这家公司就是总部位于新潟县南鱼沼市（日本行政区划中县下辖市）的雪国舞茸。

正如其名字雪国舞茸，这是一家以生产和销售菌菇类产品为主的企业，主要销售的产品就是舞茸。原本舞茸被认为是无法人工培育的品种，但这家公司在 1983 年成功实现了舞茸的人工培育，并因此实现了飞速的发展。后来其又致力于豆芽的生产与销售，并推出了以公司名字命名的“雪国豆芽”。

尽管雪国豆芽的培育都是在日本国内进行，但绿豆都是从中国进口的。正如前文所说，因为中国产绿豆的价格大幅上涨，使得公司上下都感到非常头痛。另外只从中国市场进口绿豆的话，很难保证稳定的供应。于是雪国舞茸开始在其他国家寻找绿豆供应商，并且最终选定了孟加拉国。

加上公益故事，消费者更愿意买单

雪国舞茸的目的不只是获取廉价的绿豆，他们还想通过这个项目来帮助孟加拉国消除当地的贫困状况，改善当地人民的生活条件。

孟加拉国有一半以上的人口从事农业，很多地区都有大量的贫困农户。通过向这些贫困农户提供绿豆栽培技术并建议他们种植绿豆，可以使贫困农户获得稳定的收入来源，从而达到消除贫困和改善生活条件的目的。

雪国舞茸不但能够以更低的价格获得稳定的绿豆供应，还可以借此机会提高自身的企业形象，增加商品的附加价值。这可以说是一个双赢的项目。

于是雪国舞茸将这个计划提交给了孟加拉国的格莱珉银行。格莱珉银行是一家主要面向贫困农户发放小额无抵押贷款的银行，此组织及其创始人穆罕默德·尤努斯一同在 2006 年被授予诺贝尔和平奖。尤努斯在了解到雪国舞茸的计划之后表示全力支持，于是这项计划迅速地得到展开。双方成立了格莱珉雪国舞茸合资公司，在孟加拉国普及和推广绿豆种植。

但项目真正实施的时候遇到了重重阻碍。首先是召开项目说明会时几乎没有人参加，为数不多前来参加的当地农民也对项目内容将信将疑。另外孟加拉国根本没有吃豆芽的习惯，当地人一般都是将绿豆磨碎后拌入咖喱中食用。市场上销售的绿豆全都是被磨碎后的绿豆颗粒，当地人对培育豆芽所需的绿豆原料应该具备怎样的品质毫无概念，所以农户们完全无法理解为什么必须种植出品质优良的绿豆。

雪国舞茸的项目负责人与孟加拉国当地的工作人员一起前往乡村各地多次与农户面对面地交流，对自身要求的绿豆品质进行解释和说明，并且向农户提供了相应的技术指导，反复强调培育高品质的绿豆与增加农户收入之间的关系。

第一批栽培收获的绿豆顺利出口到日本。看到栽培绿豆真的能够增加收入，更多农户积极地参与进来。2012 年有 8000 多人参与这个项目，绿豆收获量超过 1500 吨。

雪国舞茸也没有将这款商品当成普通的豆芽销售，而是为其增加了附加价值（故事）。这就是“羁绊豆芽”。

在羁绊豆芽的包装盒上画着一座彩虹桥将孟加拉国与日本连接起

来，另外还有穆罕默德·尤努斯的照片。之前我在办公室里看到电视上介绍这款商品以及相关的背景故事，当时我的一位女性助手就大声叫道：“好想买啊。”

如果这款商品没有将其背后的故事传达出来，只是在包装盒上简单地写着“原材料：绿豆（孟加拉国产）”，那结果将会如何呢？孟加拉国产的绿豆在品质和味道上与中国产的绿豆应该没有太大的差别，想必不会有人因为豆芽的原料产自孟加拉国就产生购买的欲望吧。

豆芽经常被超市用作促销商品，本身就没有多少利润，通过“社会贡献”的故事为其增添附加价值可以说是再合适不过了。

☑ 案例 2:

美国运通公司通过“消费一次捐出 1 美分”，让业绩增长 28%

将“社会贡献”和“大义”作为故事来促进销售的方法并不是雪国舞茸首创的，据说这种方法最早起源于美国运通公司在 1983 年实施的“自由女神修复计划”。

当时堪称纽约市象征的自由女神像因为经历了多年的风霜雨雪而伤痕累累，于是美国运通公司宣布，只要用户使用一次该公司的信用卡，美国运通公司就将捐出 1 美分用于自由女神像的修复工作。结果该年度运通信用卡的使用者比上一年度增长了 28%，新开户用户也增加了 45%，在短短 3 个月的时间里运通就捐出了 170 万美元。

最终不但美国运通的公司形象得到了大幅提高，自由女神像也获得了巨额捐助，可谓是双赢的结局。这种市场营销的方法被称为 Cause-Related Marketing，翻译过来就是“将收益的一部分捐赠出去用于解决社会问题的市场营销活动”。

2007 年，矿泉水品牌富维克（VOLVIC）在日本推出的“1L for 10L”活动也引起了广泛的关注。这项活动的主要内容是只要购买富维克的矿泉水，就相当于向非洲的马里共和国捐款帮助其挖掘水井。

通过这个例子可以看出，即便是“水”这种很难实现差异化的商品，也可以通过社会贡献的“大义”来创造故事。

用体验来增加附加值，消费者更愿意光顾

“体验”“交流”“人与人之间的联系”也是很容易创造故事的优秀因素。即便销售的是完全相同的商品，但只要增加了“体验”这一要素，那么附加价值就会瞬间提高。

Culture Convenience Club 于 2011 年开设的代官山茑屋书店虽然名字叫书店，但实际上并不是一个只卖书和 CD、DVD 的地方，这家店铺实际上销售的是“在代官山茑屋书店的体验”。

只要你去一次代官山茑屋书店就一定能够亲身感受到我说的是什么

意思。

在代官山茑屋书店之中有大量的书籍、杂志、CD 以及 DVD，每个位置的摆放都非常具有艺术气息，让人百看不厌。除此之外，店里还有旅游柜台和文具角等可以让人更加深入地体验书籍、音乐以及电影的场所。如果在挑选商品时拿不定主意，每个领域都有专业的店员为顾客进行详细的解答。

当挑选完商品之后，顾客可以在一楼的咖啡厅或者二楼的休息室里悠闲地放松一下心情。特别是二楼的休息室，环境实在是非常优雅。如果一个人去的话，可以在里面安静地读书，也可以静下心来进行思考。如果和朋友一起去的话，大家可以一起聊天，也可以各自阅读刚才选购的书籍。总之就是能够随心所欲地享受奢侈而又充实的时间。这是不管在家里还是公司都感受不到的氛围。你可以在这里获得“舒适”“放松”“知性的快感”之类的“体验”。

很多顾客都是为了追求这些“体验”而来代官山茑屋书店的。休息日自不必说，就连工作日这里都从早到晚客流不断。

代官山茑屋书店所在的位置距离车站稍微有点远，之前可以说是一个人迹罕至的地方，但自从代官山茑屋书店开业之后，来这里的人明显增加了不少。原本茑屋书店瞄准的是老年顾客群体，方案提出时还有很多人怀疑其吸引客流的能力，但事实证明代官山茑屋书店得到了许多顾客的支持，包括老年人群体在内的所有顾客群体都对“在代官山茑屋书店的体验”趋之若鹜。

2013 年 12 月开业的函馆茑屋书店，不但沿用了代官山茑屋书店的理念，更利用北海道广阔的土地对店内设施进行了全面升级。Culture Convenience Club 在自己公司的官网上将函馆茑屋书店定义为“学校与职场之外的第三个活动场所”。

第三场所（Third Place）的概念是由美国社会学家雷·奥登伯格（Ray Oldenburg）提出的。星巴克就一直致力于使自己成为人类日常生活之中的第三场所。

Culture Convenience Club 计划以代官山和函馆为模板，在日本全国各地开设符合当地风格的茑屋书店，并且提出了为当地居民提供舒适场所的愿景。尽管茑屋书店带着书店的名字，但实际上其销售的并不是书籍，而是“茑屋书店的体验”。

☑ 案例 3:

在函馆幸运小丑汉堡，体验现做、新鲜、分量大的幸运

说起函馆，有一个绝对不能错过的地方，但这个地方既不是著名的早市，也不是拥有世界三大夜景之一的函馆山，更不是让历史爱好者流连忘返的五棱郭。

这个地方叫作“幸运小丑”，是一家在函馆的汉堡连锁店。

函馆最著名的美食当数乌贼、海胆、腌鲑鱼子和虾夷扇贝等海产品。所以肯定会有人奇怪，干吗特意去函馆吃汉堡呢？但即便专门来函馆吃海鲜的人，我也强烈建议你去幸运小丑吃一次。因为这是只有在函馆才能够品尝到的汉堡。

幸运小丑创业于 1987 年。截至 2014 年 3 月，幸运小丑已经在函馆及其周边拥有 16 家店铺，而在函馆以外的地区一家店铺也没有。

顺带一提，在函馆只有 5 家麦当劳、3 家摩斯汉堡（都是截至

2014 年 3 月的数据）。可以说在店铺数量上，幸运小丑完全压倒了这些大型连锁餐厅，是函馆汉堡餐厅中绝对的王者。

如今，幸运小丑已经成为函馆市民的灵魂食品，其名声不但传遍了北海道，甚至还有大量游客从全国各地慕名前来一尝为快。

幸运小丑的汉堡最大的特点是比普通的汉堡分量更足。而且与一般的汉堡店不同，幸运小丑中最受欢迎的汉堡是以炸鸡肉为主料的“中国鸡肉汉堡”，甜辣口味的炸鸡搭配生菜与蛋黄酱让人欲罢不能。除此之外，幸运小丑还有幸运蛋汉堡、猪排汉堡、照烧汉堡、土方岁三虾夷扇贝汉堡、乌贼舞蹈汉堡等，品种多到让人眼花缭乱，不知如何选择才好。

幸运小丑的汉堡全部选用新鲜食材当场制作，虽然顾客在点单之后要等待很长时间，但汉堡的味道和口感绝对会让人感到一切等待都是值得的。

除此之外，幸运小丑的价格还十分亲民，第一次去的顾客一定会因为那物超所值的分量和美味而大吃一惊。这也是“幸运体验”之一。

不只食材，
更惊艳的是主题乐园里的尊贵

“幸运体验”不只有商品，每个幸运小丑的店铺都有令人惊艳的设计，设计风格是由各个店铺的主题决定的。

比如户仓店的主题是“汉堡历史馆”。这家店铺将 19 世纪 20—60 年代美国的汉堡店图片都做成了海报，在天花板上贴了 400 张，墙壁上贴了 150 张，可以说贴满了整个店铺。

松阴店的主题是“亨利 · 卢梭的热带乐园”。店内的设计以亨利 · 卢梭的名画以及热带的原始森林为主，进入店铺就好像忽然从城市里一下子来到了热带雨林一样。

湾区店的主题是“森林中的旋转木马”。店内有木马和秋千形状的座位，走进店内就仿佛走进了一个森林中的游乐场。

其他还有“奥黛丽 · 赫本之梦”“网球女王馆”“天使们的午后”“我们都曾是电影青年”“圣诞老人来到函馆”等仅听名字根本想象不到具体模样的充满特色的店铺。

其中最引人注目的当数 2012 年开业的峠下总店。这家店的主题是“鸟语花香的果园”，总占地面积接近 1 万平方米。在这个可以轻松容纳下一个足球场的园区之中，店铺只占 1000 平方米左右。园区之中有真正的旋转木马，可以与山羊亲密接触的区域，罗勒花园以及像主题公园一样的游乐场，身处其中甚至会让人忘记自己是在汉堡店里面。

除商品和店铺之外，幸运小丑的服务也很有特色。店员在顾客点餐时并不给顾客订单号，而是询问顾客的姓名，食物做好后直接呼唤顾客的名字。因为这样会给人一种“专门为自己提供服务”的感觉。

“幸运体验”就是将上述所有内容都综合到一起的“故事”。这是在其他汉堡店绝对体验不到的，是必须特意前往函馆才能够体验到的。幸运小丑的社长王一郎在自己的著作（《B 级美食家地区 No.1 知名品牌战略》）中这样说道：

“当今时代，仅凭‘好吃’无法吸引顾客。食物好吃是理所当然的。除‘好吃’之外，还要有其他店铺无法提供的‘能够让顾客大吃一惊的体验’。”

这样只要顾客体验过一次就会很愿意与他人分享自己的经历。当他知道别人要去函馆的时候一定会积极地推荐“那可一定要去幸运小丑啊”。

幸运小丑销售的不只是美味的汉堡这种商品，更是“令人大吃一惊的幸运体验”。

☑ 案例 4：

让观光客体验“日本文化”，再偏远也会有回头客

还是北海道，在道北地区有一个外国游客络绎不绝的商务酒店。这就是位于枝幸町（原歌登町）的歌登绿色公园酒店。

即便在没有积雪的夏季，从新千岁机场搭乘长途客车到枝幸町也需要 5 小时以上的时间，而且这里还是一个没有什么观光景点的地方。就连北海道当地人都很少来这里，更别说日本其他地方的人了。既然如此，为什么这里会吸引那么多的外国游客前来呢？

这个酒店最早由当地政府负责经营，但后来因为经营不善使得酒店濒临倒闭，于是酒店被委托给私人管理。接手的经营者为了吸引游客找了许多国内的旅行代理店，但当对方问“为什么游客要特意跑到那么偏远的地方去”时他无言以对。

于是他想到，既然没办法吸引日本游客，那干脆吸引外国游客吧。

他找到自己比较熟悉的一家泰国旅行社，对方提出“希望能够让泰国的游客体验日本文化”。

经营者一口答应下来，并且从 2010 年开始接待泰国游客。当时刚好赶上泰国到新千岁机场开通了直达飞机，第一年就来了 200 名泰国游客，这些游客回去之后一宣传，又有更多的游客被吸引而来。2014 年来这里的泰国游客的人数就达到 1600 人，是第一年的 8 倍。

那么究竟是什么吸引了泰国游客呢？

泰国游客搭乘巴士来到酒店之后，立刻就在工作人员的帮助下换上很有日本特色的浴衣，然后全员前往宴会场。在宴会场上有和太鼓表演并且现场制作生鱼片，尽管因为预算的关系提供的并不是金枪鱼之类的昂贵鱼类，而是鲑鱼和幼鰤鱼等比较便宜的鱼类，但泰国游客还是吃得津津有味。然后还有专业的厨师现场传授制作寿司的方法，泰国游客可以自己握饭团搭配之前的生鱼片做成寿司品尝。除此之外，泰国游客还可以品尝捣年糕、流水素面、章鱼烧等日本特色的美食，体验羽板球和缘日射击等游戏，可以说在一个晚上的时间内充分地体验到了日本的文化。

到了冬天，酒店的员工还会在外面制作雪屋，邀请游客体验滑雪、堆雪人等游戏。对从没见过雪的泰国人来说，这是非常难忘的宝贵体验。泰国游客不管大人还是小孩在第一次玩雪的时候都欣喜若狂。

歌登绿色公园酒店的建筑本身没有任何可圈可点的地方，周围既没有特别好的温泉也没有什么观光景点，更没有特别值得一提的服务。

但就是这样一个要啥没啥的地方，凭借着“体验”这个附加价值吸引了大量的泰国游客，成为很受欢迎的酒店。游客中甚至还有来过很多次的回头客。

今后歌登绿色公园酒店还将在当地人民的帮助下，继续为外国游客提供全新的“体验”，希望能够让外国游客在酒店里多住几晚，而不是像现在这样只住一晚就走。

☑ **案例 5:**

花卉店在线分享
“与大家一起栽培柠檬的乐趣”

就算没有实体店，也一样可以创造出“体验”和“联系”的故事。

有一家网店就通过网络上的联系大幅提高了自己的销售额。那就是位于三重县桑名市的园艺电商“在线鲜花广场”。

登录这家电商的网站，可以看到其销售内容包括“鲜花、绿植、园艺工具”，但这些商品与其他园艺电商销售的商品可以说是基本相同。

事实上，真正影响其销量的并不是普通的商品，而是“体验”“联系”以及“大家一起栽培植物的乐趣”。

这家电商最有代表性的活动就是“鲜花广场学园柠檬部”。只要在这家电商购买柠檬树苗就可以加入柠檬部，入部时间截至每年的 3 月，到 2014 年为止柠檬部已经招募了 5 期学生。

柠檬部负责帮部员将柠檬树苗种植下去并且拍摄照片，通过网络汇报柠檬的栽培情况，这被称为“部员活动”。柠檬部的顾问由该电商的社长高井尽担任，他负责向部员传授观察要点并提供栽培建议。

一般来说，顾客应该被称为买家，但在这里被称为部员。大家都为能够加入柠檬部感到高兴。在该商品的下方都是这样的评论：

“终于加入了柠檬部，圆了我的心愿。接下来我就要和大家一起仔细栽培柠檬啦。”

“我身边都没有能一起聊园艺的小伙伴，要是能在柠檬部里结识一些志同道合的朋友就好了。”

“真的很有趣。以前我就一直在关注柠檬部，这次为了能够和大家一起栽培而决定购买。和全国各地素不相识的人一起栽培同一棵柠檬树，想一想还有点激动呢。总之就是看起来很有趣所以就加入啦。”

“我对园艺可谓是一窍不通，而且因为是全职工作所以也没有足够的时间让我悠闲地去做些什么事情……对我这样的人来说，柠檬部推出的活动真是再合适不过了。”

通过这些评论不难看出，顾客并不都是冲着“柠檬树苗”来的，而是为了获得“与大家一起栽培柠檬，相互交流、互相帮助”的“体验”而来。

在该电商的网站上还有这样一段宣传语：

“果树能够给我们带来更加丰富的生活。果树不但能够向我们传达季节的变换，还能够与家人共同成长，成为一种陪伴的象征。亲眼看着自己栽培的果树一天天长大、结出果实，这种喜悦是任何东西都难以取代的。在树上完全成熟的果实将让你感受到完全不同的美味。想不想从自己喜欢的水果开始，先种植一棵树苗试试呢？故事一定有非常完美的结局在等待着你。”

社长高井这样介绍自己成立柠檬部的动机。

“我们想和顾客组成一个团队，希望能够一起共享顾客的故事。这就是柠檬部成立的初衷。”

在线鲜花广场销售的是“顾客的未来”这个“故事”。至于柠檬树苗，只不过是故事的象征而已。

由此可见，即便是凭借商品本身的品质和价格很难实现差异化的商品，只要发现故事的种子并使其生根发芽，也一样能够增加商品的销量。

让故事和商品高度契合，才能产生长效的影响力

在第一章中我为大家介绍了发现“商品本身的故事”的方法，在第二章中则介绍了发现“商品之外的故事”的方法。

“商品本身的故事”一般只对提供原创商品的企业和店铺有效，就像是发现能够成为故事的素材然后将其打磨发光。但这种方法的关键是找出能够被打磨发光的素材，如果找不到素材则毫无意义。

而“商品之外的故事”则对那些没有原创商品，销售随处可见的普通商品的企业和店铺同样有效。就像是找到能够成长为故事的种子，然后将其种植下去通过浇水施肥使其生根发芽、开花结果。这种方法的缺点在于，从将种子种植下去到开花结果需要等待较长的时间。

当然，即便是原创商品也一样可以采用第二个方法来创造故事。如果能够与商品本身的故事搭配起来，效果将更加明显。

在下一章中，我将为大家介绍利用故事打动人心的方法，找出“全人类共通的感动点”。

第 三 章

成功法则二：
什么是打动人心的故事？

~故事的三大黄金法则~

0 0 3

- **为什么一个地区偶像组合可以红十几年？**
- 不看产地和栽培方法，消费者更青睐“奇迹苹果”
- 消费者选择的不只是苹果，更是种植背后辛苦的故事
- **用故事三大黄金法则，感动消费者**
- 案例 1：东京成功申办奥运会，好故事起了很大作用
- 案例 2：不甘放弃的针织工厂，主动创造了好故事
- 符合故事三大黄金法则，媒体也会抢着报道
- **成功法则：主人公 + 目标 + 坚持不懈 = 激励人心的故事**
- 有弱点不可怕，克服困难追求理想就会获得支持
- 绝对不能虚构故事！

为什么一个地区偶像组合可以红十几年?

你听说过地区偶像吗?

地区偶像也被称为当地偶像、地方偶像、本地偶像，指的是在东京之外的单一地区展开活动的偶像，据说在全国各地有几百组。有的是商店街组织的，有的是当地电视台组织的，有的是艺人学校组织的，绝大多数都在组成偶像团体几年后销声匿迹，甚至在其他地区从来都没有人听说过。

但其中有一个偶像团体不但没有解散，反而知名度越来越高，这就是以新潟县为据点展开活动的女性三人组“Negicco”。她们的音乐和表演得到外界的一致好评，甚至只要说起地区偶像，人们第一个想到的肯定是她们。

Negicco 成立于 2003 年 7 月，到如今已经迎来组合成立的第 12 个年头（2014 年）。现在的 3 名成员都是成立之初的原班人马（原本有 4 个人，其中一人中途退团）。

绝大多数地区偶像都在短短几年内销声匿迹，或者成员频繁更新换代。在这样的大环境中，Negicco 可谓是十分稀有的存在。

尽管新潟县是一个偶像市场并不发达的地区，但 Negicco 克服了先天的不利条件，连续十几年粉丝都在持续增长。

在对她们的粉丝进行采访，询问“为什么喜欢她们”的时候，得到最多的回答是“我也不知道为什么”“没什么理由，就是喜欢”“只是因为去看过一次她们的演唱会，结果就被她们优美的歌声和充满魅力的表现所吸引了”。

但粉丝如此支持她们，肯定不只是出于这么简单的原因。粉丝们异口同声地说“不知道为什么，就是喜欢”，这背后一定还隐藏着其他的秘密。那么这个秘密究竟是什么呢?

不看产地和栽培方法，
消费者更青睐“奇迹苹果”

让我们换一个话题，请大家思考如下的情况。

假设在你的面前有 A、B、C 三个苹果，你需要从三个之中选出一个最喜欢的。关于苹果没有任何说明，每个苹果摸起来和闻起来都一样，吃起来味道也差不多。那么除了对苹果十分了解的专家，普通人的话肯定会根据苹果的外观来进行选择吧。

但是，如果给每个苹果加上如下这些说明的话结果又会如何呢？

A 用普通的方法种植出来的苹果（青森产）。

B“不剪叶的苹果”。不剪掉苹果周围的叶子，可以使果实汲取充足的营养。虽然这样栽培出来的果实看上去不怎么漂亮，但味道非常好。

C 以“奇迹苹果”而广为人知的木村秋则先生栽培出来的苹果。木村先生为了实现苹果的无农药、无化肥栽培，历经 8 年时间反复尝试，忍受着长期的贫困与孤独，终于将不可能变成了可能！

你会选择哪一个呢？

消费者选择的不只是苹果，更是种植背后辛苦的故事

我在演讲的时候向听众提出了这个问题，结果选 A 的人几乎没有（有时候也会有那么几个故意捣乱的人选 A），选 B 的只有寥寥数人，而剩下 90% 以上的人都选 C。

这是为什么呢？

“因为我想尝尝这个苹果是什么味道的。”

“因为这个苹果很难买到。”

“因为吃过以后就可以和别人炫耀了。”

“因为我对木村先生的栽培方法有共鸣。”

听众的回答五花八门。

那么，让我们再做进一步的假设。

“如果木村先生没有经历任何辛苦就种出了奇迹苹果……”

“如果木村先生只是为了赚钱才种奇迹苹果……”

“如果不叫奇迹苹果，而是叫‘完全无农药无化肥苹果’……”

如果是这样的话，你还会像之前那样想要这个苹果吗？尽管作为商

品来说，苹果还是那个苹果，没有任何变化。

综上所述，尽管从表面上看你是因为想要品尝一下这个苹果所以才选择 C，但实际上引起你兴趣的并不是苹果，而是与苹果相关的木村先生的故事。

正是因为有如此吸引人的故事，木村先生的书才会成为畅销书，他的故事甚至还被拍成了电影。

用故事三大黄金法则，感动消费者

我在第一章中对商业活动中的故事做出了如下定义。

用来对顾客、员工以及交易对象进行宣讲的，关于“个人”“公司”“店铺”“商品”等真实存在（非虚构）的故事和愿景。

从这个意义上说，B 的苹果也有故事，与 A 相比的话确实很有优势，但与 C 的奇迹苹果相比就相形见绌了。

这是为什么呢？

因为 C 的故事抓住了人类共通的感动点。

我将其称为“故事的黄金法则”。

故事的黄金法则包括以下三点：

1. 有缺陷或者身陷困境的主人公

2. 无论如何都要实现的远大理想和目标

3. 战胜数不清的艰难险阻

只要故事包含这三个要素，就很容易使受众将自己的感情代入到故事的主人公身上，支持故事的主人公。这种方法不仅适用于日本，在全世界范围内也一样通用，所以这是“人类共通的感动点”。

故事的黄金法则被广泛应用于好莱坞电影等娱乐节目。在一些商业和体育的纪实类节目中也经常用故事的黄金法则来对人物进行介绍。

这是因为电影和节目的制作人知道，只要故事的主人公符合故事的黄金法则就很容易引起共鸣，获得广泛的支持。

如果你的商品或公司拥有满足“故事的黄金法则”的故事，那就很有可能获得消费者的支持。

☑ **案例 1：**

东京成功申办奥运会，好故事起了很大作用

故事的黄金法则还可以应用于演讲。

绝大多数推动历史进程的演讲都遵循了这一黄金法则。

美国遭遇大萧条的时候，富兰克林 · 罗斯福为了激励美国国民而发表的总统就职演讲；给人权运动带来巨大影响的马丁 · 路德 · 金牧师的演讲“我有一个梦想”；冷战时期给国民指明道路的肯尼迪发表的总统就职演讲；在“9 · 11”事件之后使小布什获得 90% 以上支持率的总统就职演讲；让奥巴马一夜之间成为最有希望胜选的总统候选人的民主党大会演讲。

在日本，小泉纯一郎的邮政解散演讲、田中角荣在洛克希德事件中的演讲等也属于此类。凭借演讲成为独裁者的阿道夫 · 希特勒也深谙黄金法则之道。

在 2013 年 9 月于阿根廷布宜诺斯艾利斯召开的决定 2020 年奥运会举办地归属的国际奥委会全体会议上，东京的最终陈述就充分利用了这个黄金法则。

特别是第一位发言者残疾人运动员佐藤真海，通过遵循黄金法则的演讲牢牢地抓住了评委的心。

佐藤的演讲包括以下内容：

曾经身为田径运动员及啦啦队长的她，在 19 岁的时候突然因为罹患骨肉瘤而被截肢，一度感到绝望。

后来她又通过体育运动再次找到了活着的喜悦，并且连续参加了雅典与北京的两届奥运会。然而当她准备进军伦敦奥运会的时候，她的故乡在东日本大地震中被海啸吞噬。

于是她和其他运动员一起展开了通过体育运动帮助受灾群众重拾信心的活动，并且在进行这些活动的过程中发现了体育运动真正的力量（带来希望，团结人心）。

这完全是一个利用故事的黄金法则引起他人感情上共鸣的绝佳

故事。

当然，东京能够成功申办奥运会，也离不开其他发言者在“逻辑”“信赖”等部分的演讲，以及申奥委员会的不懈努力。但佐藤能够在最初的演讲中通过黄金法则抓住评委的心，可以说为申奥成功做出了巨大的贡献。

☑ **案例 2:**

不甘放弃的针织工厂，主动创造了好故事

位于东京都江东区天空树附近的小高莫大小工业，是一家只有 8 名员工的小型针织工厂。这家企业成立于二战后不久的 1948 年，名字“莫大小”读作“meriyasu（针织品）”。据说日语中“针织品”一词来源于葡萄牙语“meias”，而之所以写作“莫大小”这三个汉字，是因为针织品富有弹性可大可小。日本在 20 世纪 50 年代就将利用机械设备生产出来的针织品都称为“meriyasu”，内衣、袜子等具有伸缩性的服装被涵盖其中。

小高莫大小工业在创业初期以生产滑雪用的针织帽为主，后来转型生产 POLO 衫衣襟部分使用的针织条，给成衣制造商提供外包服务。

截至 2000 年，该企业的业绩一直都很好。但后来受到价格更加低廉的中国产品的冲击，该企业的销量出现大幅下滑。到 2005 年小高集

继承企业的时候，销量下滑已经处于无法控制的程度，摆在他面前的似乎只有“破产”这唯一的出路。

小高集认识到，继续做外包没有出路，要想让企业生存下去就必须自己生产直接卖给消费者的商品。但他当时并不知道消费者喜欢什么样的商品。就这样到了 2009 年，一家位于青森县内陆地区新乡村的工房打来电话询问“能不能将碎布头处理给我们”。小高集仔细一打听才知道，这家工房之前一直从当地的纤维工厂收购碎布料用于制造布草鞋，但后来当地的工厂相继倒闭，使得这家工房失去了原料来源。于是他们通过网络搜索到小高莫大小工业，打电话过来询问。

小高集应对方要求将碎布料送了过去，对方作为感谢送给他一双布草鞋。这双制作精美、穿起来也很舒适的布草鞋一下子给小高集提供了灵感。

打算自己生产布草鞋的小高集亲自前往青森的工厂学习布草鞋的生产技术，他一边自己尝试制作，一边虚心地向同行前辈请教。他将年轻女性作为目标顾客群体，设计出具有北欧风格的布草鞋，这样也便于日后进军海外市场。

经过两年的生产和实践，小高莫大小工业终于生产出自己原创的布草鞋。小高集从“meriyasu”中拿出MERI四个字母为这款布草鞋命名，并以新感觉家居鞋的品牌将其推向市场。因为从一开始小高集就打算将这款布草鞋推向国际市场，所以他专程去参加了在法国巴黎举办的展销会。

尽管小高集将企业的未来都押在了这款产品上，但展销会的头两天他的产品根本无人问津。就在他感到绝望的时候，奇迹出现了。一家来自科西嘉岛的杂货店老板购买了32双。拿破仑的出生地科西嘉岛如今已经成为度假胜地，据那位杂货店老板说，他打算将这些布草鞋卖给当地的旅馆和酒店。小高集兴奋地与对方握手，嘴里还不停地说着“merci！ merci！（法语：谢谢）”。后来这位杂货店老板又给他介绍了几十位客户，让小高集看到了进军海外市场的希望之光。

曾经濒临破产的针织企业借助青森大妈们生产出来的布草鞋重获新生。

符合故事三大黄金法则，媒体也会抢着报道

看了小高莫大小工业的故事之后大家有什么感想呢?

这家企业明明没有行业领先的技术，却不知为何经常被媒体报道。不但登上过各大报纸的头条，还有电视台专门为其做了特别节目。

这究竟是为什么呢?

想必大家都已经心中有数了吧。没错，小高莫大小工业的社长小高集正是完全符合“故事的黄金法则”的主人公。

①受廉价的中国产品影响而濒临破产的巨大危机

②以原创新商品进军世界市场的远大理想

③开发过程中遭遇的失败与挫折

像这样完全符合黄金法则三要素的故事，当然会被各路媒体争相报道。

小高集在 2013 年 10 月将 MERI 的事业独立出去成立了一家名为橙色东京的分公司，并且计划在 2014 年 7 月于成田机场航站楼内开设一家 MERI 的直营店。

成功法则：

主人公 + 目标 + 坚持不懈 = 激励人心的故事

让我们再回到本章最开始提到的那个话题，新潟县的偶像团体 Negicco。

粉丝们“不知为何就是喜欢她们”的原因就隐藏在下面的故事里。从成立至今，11 年来她们经历过许许多多的挫折，只有一点点的幸运。

Negicco 最早是 2003 年农协为了宣传新潟县的大葱而组成的偶像团体。当时广告公司和电视台建议新潟县政府推出一个偶像团体用来宣传新潟县产的大葱，于是新潟县政府就让新潟市的艺人学校提供人才。

经过学校内部的选拔之后，由 Nao ☆、Megu、Kaede、Miku 四名学生（四人当时还是小学生和中学生，其中 Miku 中途退团）组成了限定时间一个月的短期偶像团体，并且以大葱的宣传曲《恋爱的葱娘》出道。结果因为大葱与偶像的稀有组合引起了人们的关注，这个原本打算一个月之后就解散的偶像团体被保留下来继续开展活动，但挫折和苦难也随之而来。

首先是作为其后盾的艺人学校关门，所有的支援工作都落在了经纪人的身上。而且与我们想象中偶像的光鲜靓丽不同，她们的演出服装都是自己在超市中购买的，就连舞蹈动作也要自己设计。

如果她们要在东京举办演唱会，经纪人就要亲自开车在新潟和东京往返多次。为了开展偶像活动，她们不得不牺牲上学的时间，因此错过了许多学校的活动。除此之外她们还经历过很多次羞辱和挫折。

即便如此，她们仍然没有放弃心中“总有一天要在武道馆的洋葱（日本武道馆的屋顶上用作装饰的宝珠看起来就像是一个大大的洋葱）下挥舞起我们手中的大葱”的璀璨梦想。

在挺过了多次解散危机之后，她们终于在 2010 年举办的第一届全国偶像团体大赛“U.M.U AWARD 2010”中夺得第一名。从那以后，她们就定期在浅草举办演唱会，而每次都坐在最前面观看的忠实观众竟然是 TOWER RECORDS 株式会社的社长，这位社长将 Negicco 包装成其公司推出的偶像专门商标“T-Palette Records”的头号艺人。不得不说这一切的发展实在是充满了戏剧性。

从此以后 Negicco 的知名度就一路飙升，到 2014 年的时候她们已经成为全国瞩目的知名偶像团体。

这就是一个身为地区偶像遭遇无数挫折的主人公，为了“在武道馆举办演唱会”的远大理想，战胜了诸多困难险阻和自己的软弱，终于取得成功的故事。

Negicco 正是完全符合“故事的黄金法则”的主人公。

当然她们自己并没有意识到什么黄金法则，但客观地说，Negicco的粉丝之所以“不知为何就是喜欢她们”，正是因为她们的故事完全符合黄金法则。

有弱点不可怕，
克服困难追求理想就会获得支持

如果你也想得到许多人的支持，那就应该想办法让自己成为符合黄金法则的故事的主人公。首先从你自己身上、你的企业或者商品之中找出符合“故事的黄金法则”的要素。

比如以下这些内容：

公司的创业故事

经营者自己的人生故事

商品的开发故事

对商品品质的坚持故事

战胜经营危机的励志故事

通过社会贡献改变世界的公益故事

追求远大理想和目标的奋斗故事

在上面这些内容里都能够找出以你和公司为主人公的故事。只要能够将这些故事准确地传达出去，那么一定能够抓住许多人的感动点。

首先，你要敢于公开自己在工作、私人生活、人生经历和能力上的“弱点”和“缺陷”，这样你才能成为一个有“缺陷”的主人公。

需要注意的是，绝对不能一味地宣扬负面内容，必须在坦承自身缺陷的同时，强调自己克服困难追求远大理想的态度。因为只有你拥有远大的理想和目标，别人才会愿意支持你。除此之外，强调自己拥有一旦下定决心就不会放弃的坚强意志也十分重要。

绝对不能虚构故事！

到目前为止，我为大家介绍了许多成为“黄金法则的主人公”所能够带来的好处。但在利用这个强大的工具时必须注意两个重要的前提条件。

第一个前提条件，你所提供的商品和服务的品质必须具备一定的水准。

以 Negicco 为例，她们的演唱和表演水平之高甚至让人无法相信她们只是地区偶像。小高莫大小工业生产的 MERI，也具备堪称国际一流的品质和设计。

如果商品和服务不能达到一定的水准，那么不管你的故事多么吸引人，顾客也不会成为回头客，你甚至还会让顾客大失所望。

另一个前提条件也非常重要。

那就是“绝对不能虚构故事”。不管多么符合黄金法则，编造故事都是绝对不行的。

比如以前有一个自称失聪的作曲家被发现他发表的那些热门曲目并不是由他自己创作的，而是背后另有其人。于是各大媒体都对他口诛笔伐，就连以前支持他的粉丝也纷纷声称“遭到了欺骗”。

但冷静地想一想，乐曲本身其实并没有任何改变。但当大家发现作曲家是伪装的之后，乐曲的评价也随之一落千丈，是不是感到有些不可思议？

由此可见吸引媒体与粉丝的并不是作曲家的“音乐”，而是作曲家的“故事”。媒体之所以争相对这位作曲家和他的音乐进行报道，无非是因为他的故事符合“故事的黄金法则”罢了。当他虚构故事的事实被公之于众之后，媒体与粉丝全都怒不可遏，他创作的乐曲也瞬间一文不值。但实际上，乐曲本身并没有任何变化。

故事，特别是符合黄金法则的故事，在能够有效抓住人们感动点的同时，一旦被发现是虚构的，也会瞬间引爆极强的负面情绪。

所以说，故事一定要保证真实性，绝对不能虚构编造。

“商业活动中的故事”不能创造，只能发现。

好销售

都是讲故事高手

/

第　四　章

成功法则三：怎么用故事来塑造有魅力的企业？

～让价值“可视化”的三支利箭～

0　0　4

- **公司有魅力，都是靠“故事”包装的**
- 案例 1：只有 10 人的企业，却能通过社会公益远近闻名
- **当在谁家买都一样的时候，顾客往往会更倾向于有人情味的**
- 案例 2：重复枯燥的护理服务，也可以有人情味
- 将护理变成娱乐，用故事改变刻板印象
- 案例 3：养猪农户有抱负，也能将低端产业变得吸引人
- 举办烧烤大会，用邮件传播自己的故事
- 凭借远大的“理想”得到更多人的支持
- **故事营销的“三支利箭”：理想、特点、吸引人的情节**

公司有魅力，都是靠“故事”包装的

你的公司在顾客或者合作对象的眼中有魅力吗？

在员工的眼中有魅力吗？

对当地社会来说有魅力吗？

“有魅力”这个词听起来好像并不适用于商业活动。或许有人会觉得“经营公司又不是谈恋爱，什么魅力不魅力的”。

但如果一家公司“有魅力”的话，就会让周围的人“不由自主地喜欢上这家公司”。而身为公司的经营者或者领导者，当然希望自己的公司能够被别人喜欢吧?

因此，我将那些被员工喜欢，被顾客和合作对象喜欢，被当地社会喜欢的公司称为“有魅力的公司”。

有魅力的公司是“消费者不由自主地喜欢的公司”。

“员工愿意在其中工作的公司”。

“合作对象愿意与之进行合作的公司”。

“当地社会引以为荣的公司”。

这样的公司当然经营顺利，利润丰厚。恐怕不管采用多么高端的市场营销战略也难以达到这种状态吧。

为什么“有魅力的公司”会如此强大呢?答案很简单，因为“有魅力的公司”很容易诞生“故事”。就算公司的规模很小，在价格、品质以及广告等方面完全无法与大型公司相抗衡，但小公司也一样能够赚取适当的利润。

成为“有魅力的公司”有许多好处，主要包括以下内容:

· 不用费力推销，自然有顾客上门

· 不必进行价格竞争，员工们干劲十足

· 自然会有愿意展开合作的公司出现

· 经常有媒体前来采访

· 经营者能够获得巨大的满足感

· 能够赚取适当的利润

而在享受到上述好处之后，又会有新的故事诞生。

你有没有心动呢？想不想让自己的公司也变成“有魅力的公司”？

☑ **案例 1：**

只有 10 人的企业，
却能通过社会公益远近闻名

位于京都的 Castanet 是一家只有 10 名员工的小公司，主要从事办公用品销售业务。这家公司自己并不生产商品，销售的也都是在其他任何一家同类公司都能够买得到的普通商品。

即便如此，Castanet 的名字仍然在当地无人不知无人不晓，甚至经常出现在电视和报纸等媒体上。因为 Castanet 的名字经常与其他著名企业一起出现在诸如残疾人运动会等公益活动的赞助名单上，所以很多人都以为 Castanet 也是一家大型企业。不管员工、客户还是当地社会，都觉得 Castanet 是不可或缺的企业。

Castanet 之所以能够成为这样一家“有魅力的公司”，与其积极参加社会贡献活动是分不开的，而在 Castanet 的企业理念之中，社会贡献也是被放在第一位的。

“Castanet 一直以成为对社会有贡献的企业为目标，在开展自身业务的同时也积极进行社会贡献。”

对 Castanet 来说，社会贡献不只是单纯的 CSR 活动（Corporate Social Responsibility，CSR，企业社会责任），而是与其主业销售业务同样重要的活动。因为社会贡献活动正是该公司实现差异化的“最大的特点”，是其创造故事的关键要素。

Castanet 的社长兼社会贡献室长植木力这样说道：“越是规模小、经营不易的企业，越应该在社会贡献上多投入力量。”反过来说，在社会贡献上投入大量精力，也是促使 Castanet 成为“有魅力的公司”的主要原因。

植木于 2001 年作为大日本网屏制造的内部创业第一人成立了 Castanet。

大日本网屏制造是总部位于京都的大型电子设备生产企业。不过虽然说是内部创业，但实际上创业者需要彻底离职进行创业，而且只能从大日本网屏制造那里获得新公司注册资金的 14% 也就是 140 万日元。植木原本的计划是将办公用品销售给集团下属以及相关企业，但实际上他接到的订单比预想中要少得多。而对其他企业进行的推销也没起到什么效果。结果 Castanet 成立的头两年就出现了 3000 万日元的赤字。员工不久便辞职了，公司的经营陷入困境。

在这种情况下让公司出现转机的正是社会贡献活动。原本植木就非常重视社会贡献活动，即便在公司的经营陷入困境之时仍然坚持赞助残疾人运动会。有一次他在跨行业交流会上结识了一位赞助柬埔寨学校的女性。当听到那位女性说“柬埔寨当地的学校连文具都没有”时，植木借着酒劲豪爽地应承道：“我送给他们。”

但实际上他自己根本送不起，于是他就找大日本网屏制造宣传室的人商量。对方建议道：“这是个宣传的好机会，应该立即把这个消息发布给新闻媒体，号召大家进行捐赠。”

结果此事一经发布就引起了巨大的反响。电视、报纸、杂志等媒体争相报道，来自全国各地的旧文具如潮水般涌来。当然其中也混杂着不少已经彻底坏掉的文具，Castanet 的员工经过仔细筛选将还能继续使用的文具整理出来，并且送到了柬埔寨。当时人们普遍认为只有大型企业才能够组织这样的社会贡献活动，完全没想到一家刚刚成立两年的小企业竟然也能够做出如此巨大的社会贡献，Castanet 从此一举成名。

当在谁家买都一样的时候，顾客往往会更倾向于有人情味的

这件事使植木认识到，通过进行社会贡献活动可以使企业获得社会的关注，提升企业的信誉。

在接受采访时记者的一句话也让他充满了信心，那个记者是这样说的："今后是社会创业者的时代，大家都会支持像植木先生您这样的人。"于是 Castanet 将社会贡献活动作为公司的理念固定下来。然而，由于当时作为其主业的办公用品销售仍然处于赤字状态，公司内外难免出现"赤字企业竟然还坚持做社会贡献，打肿脸充胖子吗？"之类怀疑的声音。

公司成立第三年的某一天，Castanet 忽然接到一通电话，对方说："我们新建了办公楼，需要采购一批办公用品。"订单总额高达 3000 万日元。

植木询问对方订购的理由，得到的回答是"反正要买办公用品，就

想在做出了社会贡献的公司订购”。从那以后，社会贡献与事业之间终于产生了共鸣，Castanet 又陆续接到了许多企业发来的订单。

很多客户都是出于“既然在谁家买都一样，那就支持一下 Castanet 吧”的想法下的订单。Castanet 终于在第三年扭亏为盈，销售事业也走上了正轨。不得不说，这一切都是其坚持进行社会贡献活动带来的结果。

现在 Castanet 仍然坚持进行社会贡献活动，并且因此拥有了极高的知名度，这给销售事业带来巨大的帮助。

“办公用品”毫无疑问属于不管在谁家买都一样的商品，一般情况下销售办公用品的企业或店铺很容易陷入价格竞争的泥潭。而 Castanet 实际上销售的并不是“办公用品”，而是“从社会贡献开始的各种故事”，所以 Castanet 才会成为与同行其他企业完全不同的特殊存在。

尽管 Castanet 在经营陷入困境的时候仍然在坚持进行社会贡献活动，却从没有宣扬过自己的难处，也就是所谓的“卖惨”。和 Castanet 公司的吉祥物“Casta 君”一样，这家公司在许多地方都传达着幽默、欢快的正能量。

植木认为，理想中的公司应该像吸铁石一样能够自然而然地将员工、交易对象以及当地社会的民众都吸引过来。同时他也知道，要想做到这一点就必须引起周围人的兴趣。这就是“有魅力的公司”。

☑ 案例 2：

重复枯燥的护理服务，也可以有人情味

位于冈山县濑户内市的 MaCO 是一家专门提供护理服务的公司，近年来凭借自身的故事性而颇受关注。

MaCO 的经营理念是“无微不至”，也就是为服务对象提供无微不至的服务。因为 MaCO 的服务人员能够站在被服务方的立场上思考，甚至提供连被服务者都想不到的周到服务，所以深受客户的信赖。

MaCO 的中心设施“MaCO 村”与一般的护理设施并没有什么区别，是一个充满民宅风格，很容易让人联想到位于乡下的分校那样的建筑。

虽然该设施中的房间被按照护理程度分为“初级”“中级”“高级”等几类，但每个房间里的老人就好像生活在自己家里一样，非常悠闲自在，这也是其最大的特征。

房间里摆着的都是普通家庭使用的桌子、椅子、沙发等家具，让人完全感觉不到这房间里护理的是一位重度老年痴呆患者。MaCO 对接近日常生活的环境非常重视，因为只有这样才能让生活在其中的老年人像在家一样舒适。

“MaCO 村”的办公室的门上挂着“村政府”的牌子，这一行为充满了幽默的风格。社长兼村长中川浩彰认为，“护理服务应该更有活力，让人感觉更亲切”。只有自己感到开心和快乐，才能让接受看护服务的老人及其家人都露出笑容。MaCO 的故事也由此诞生。

中川在大学的社会福利专业毕业后，进入一家刚刚开设不久的大型特别护理养老院就职，但他发现这个养老院的工作流程就像工厂一样非常重视效率。担任中层管理职务的中川被夹在上司和下属之间，承受着巨大的压力，甚至连身体都累垮了。

因为对这样的护理方法心存怀疑，同时想给接受护理的老人提供更人性化的服务，中川决定在 2002 年创业，建立符合自己理想的护理机构。

虽然在创业后经历了许多挫折与危机，但他都凭借着“不迷茫、不怯懦、不退缩”的精神战胜了困难。

将护理变成娱乐，用故事改变刻板印象

尽管人们容易将关注点放在 MaCO 故事性的一面上，但实际上其在护理方面的表现也非常专业。因为如果不能完美地提供护理最重要的三个基本要素“吃饭”“洗澡”“排泄”，而只顾着做表面功夫，那就属于本末倒置。MaCO 并不满足于停留在“社会福利护理”的层面，而是追求“作为服务行业的护理”。因为只有提供高品质、让人感到安心的服务，才能使自身得到发展。

中川认为不应该过度地强调“护理”在福利上的一面。他提出“护理工作，不是一个人照顾另一个人，而是一个人让另一个人感到开心和快乐”，所以让被护理者及其家人都感到快乐才是最重要的。护理工作要让人感到有活力、有魅力、吸引人，也就是“将护理变成娱乐”。

只要让护理工作充满活力，那么“故事”就会应运而生。中川知道，想让接受护理的老人感到快乐，首先要让员工自己感到快乐，于是他积极地将充满幽默感的风格融入公司的经营理念之中。

另外，MaCO 对“故事”的传达也十分重视。MaCO 每个月都会

发行宣传杂志 *MaCO NEWS*，不只赠送给被护理者及其家人，还免费赠送给附近的店铺。因为护理机构往往给人一种封闭性很强的印象，中川希望通过自己的行动改变人们对护理机构的看法。如今，在“成为冈山县最受欢迎的护理公司”这一宗旨的指引下，MaCO 不但在日本国内拥有 12 个事务所，甚至还将无微不至的护理理念带到了中国。

☑ 案例 3：

养猪农户有抱负，
也能将低端产业变得吸引人

神奈川县藤泽市北部，庆应义塾大学湘南藤泽校区附近有一家养猪的农户，其养殖的宫治猪在当地非常著名。

社长宫治勇辅于 2006 年接手了父亲经营的养猪事业并成立了公司，然后成功地将“神奈川县出产的普通猪肉”发展成“宫治猪”这一知名品牌。除此之外，他还成立了“NPO[1] 法人农家小子网络”，作为第一产业的带头人之一而备受瞩目。

宫治勇辅出生于 1978 年。在庆应义塾大学综合政策学部毕业后，他进入一个人才派遣企业就职。宫治早就有自己创业开公司的打算，不过他一点也不想继承家里的养猪事业。但是在偶然读到一本关于农业的书籍之后，他发现了农业生产中存在的许多问题，这一发现可以说改变

1 NPO：非营利组织。

了他的人生。

他发现的问题主要包括以下两点：

①生产者没有价格的决定权

②在流通的商品上没有生产者的名字

宫治的父亲有一套独特的养猪方法，他只将同一头母猪生下来的小猪放在一起饲养，虽然这种饲养方法效率不高，但能够有效地减轻猪的压力，从而使猪肉吃起来口感更好。可是，虽然宫治家的猪肉品质更高，在流通时仍被统一算进神奈川县产的猪肉之中，价格也和普通的猪肉相同，甚至不知道被卖到什么地方。

面对这样的情况，怎么会有年轻人愿意投身到农业中来呢？现在日本从事农业的人口平均年龄就已经在 60 岁左右，等到 10 年甚至 20 年后，还有谁来为日本人的餐桌贡献食物？想到这些，宫治开始思考继承家业的重要性。

宫治认为，自己在这样的一个时代，身为养猪农户的长子，身上一定背负着某种使命。有一天，他的脑中忽然闪过这样一个念头：“我要将第一产业从‘脏、累、不体面、气味难闻、不赚钱、无法结婚’的6K产业变成‘帅气、吸引人、赚钱’的新3K产业（注：以上这些词在日语中都是字母K打头）。”

他坚信，“‘改变农畜牧业’就是我的天命所在”。

举办烧烤大会，用邮件传播自己的故事

2005年，宫治辞去工作回到家乡。因为之前在餐饮行业工作的弟弟比他回来得早，已经在帮助父亲养猪，于是宫治就将精力都放在让自己家饲养的猪肉品牌化上。

虽然他早就想好了“宫治猪”这个品牌名称，却不知道接下来应该从何处着手。流通领域非常复杂，可不是单纯的一买一卖那么简单。

有一天，他邀请大学时代的朋友来自己家里开烧烤大会（BBQ），朋友们在品尝过他家的猪肉后都赞不绝口地说道：“真好吃，以前从没吃过这么好吃的猪肉。”这一下子给宫治提供了灵感，“对啊，可以开一个烧烤大会。这样不但能够知道究竟哪些人品尝了我们家的猪肉，还可

以询问对方的感想。同时能够自己决定价格，顾客对猪肉的味道满意的话还能替我们宣传。”

有了想法之后宫治立刻开始行动，首先他将自己家旁边的观光果树园租了下来，计划将其作为“宫治猪烧烤大会”的会场。然后他给大学时候的同学和朋友，以及以前公司的同事等接近 1000 人都发了邮件。这封邮件可不只是普通的邀请函。

邮件上写的是宫治自己的“热情故事”。他将自己辞去工作，打算改变日本第一产业的“理想”全都写了下来。宫治的热情感动了他们，很多人都来参加了烧烤大会。

参加完烧烤大会的人回去之后又在家庭和职场中进行了宣传。因为宫治猪的口感和味道都很好，趁着周末的时候离开东京与家人和朋友一起边吃烤肉边聊天也会让人有一种放松的感觉，当然更重要的是，大家都对宫治的“理想”有共鸣，所以每一次举办烧烤大会时来的人都比上一次更多。

“宫治猪”的名字越来越响亮，愿意直接购买的餐厅也随之增多。很快，“宫治猪”就成为神奈川县首屈一指的猪肉品牌。

凭借远大的“理想”得到更多人的支持

当成功使自己的商品实现品牌化之后，绝大多数公司都会选择扩大规模，但宫治并没有那样做，他选择将规模控制在家族能够掌控的范围内。而他之所以这样做，是因为他想将更多的热情和精力投入到提高日本农业地位的事业上。

宫治将“农村出身却在大城市里上班的孩子”称为“农家小子”，并成立了“NPO 法人农家小子网络”，这一组织的目标在于“为想要继承家业却又没有勇气的农家小子提供支援”。

他认为，只有让在大城市里上班的农家小子们都愿意回老家继承家业，日本的农业情况才会得到根本性的改善。如今这个组织已经发展成超过 15000 人的大型组织，宫治本人也受邀前往各地进行演讲。

宫治为什么能在这么短的时间内就得到那么多人的支持呢？因为他有远大的“理想”。

如果他没有将第一产业转变为“‘帅气、吸引人、赚钱’的新 3K

产业”这一远大的“理想”，而只想着赚钱，那么现在的情况肯定不会是这样。

故事营销的“三支利箭”：理想、特点、吸引人的情节

在前文中，我们为大家介绍了“Castanet”“MaCO”以及“宫治猪”这三家“有魅力的公司”的实例。

那么，要想成为像他们那样“有魅力的公司”，究竟应该怎么做才好呢？我个人认为，首先应该通过“故事营销”的方法来明确公司经营的方向。这样一来，那些能够打动人心的“有魅力的故事”就会自然而然地浮现。

所谓“故事营销”，就是利用故事的力量使商品、店铺、公司、个人等与商业活动有关的一切要素都变得闪亮夺目、引人关注。

故事营销最大的特征就是能够让公司的价值更容易被外界看到，即“让隐藏的价值可视化”。此外，按照以下三个方面构筑不同的故事（三支利箭）也尤为关键。

①理想

②特点

③吸引人的情节

接下来让我们对以上三点逐一进行分析。

第一支箭是“理想”

首先是“理想”。

在故事营销之中，公司、店铺以及团体存在的意义，就是向外界传达“理想”这一信号。

“理想”是成为“有魅力的公司”的关键要素。绝大多数企业都没有将自己的“理想”传达给外界。正因为如此，只要能够引起外界的共鸣，那么就很容易从中找到“故事”。这也是自己与同行其他企业实现差异化的关键要素。

另外，拥有“理想”也可以使你更容易成为符合“故事的黄金法则”的主人公。因为“理想”往往是现在尚未实现的远大目标，而你很有可能在追逐目标的过程中向外界呈现出一个“存在缺陷的奋斗者”形象。对难以通过价格和品质来一决胜负的小企业和店铺来说，“理想”绝对是最合适的武器。

前文中提到的那些公司，都是因为拥有各自不同的远大理想，所以才成为“有魅力的公司”。

第二支箭是“特点”

其次是“特点”。

不管“理想”多么远大，如果自身毫无特色，那么就很容易让别人觉得你“只是在说漂亮话罢了”。所以不管是企业还是店铺，都需要拥有自己的特点。

这个特点必须能够对“理想”提供一些补充。另外最好能够简短地概括成一句话。这样不但有利于消费者帮助进行宣传，而且便于媒体进行报道。

特点主要通过以下三个“ONE”来实现：

① Frist One

② Number One

③ Only One

Frist One 指的是速度上的第一，比如在某个领域率先导入某种产品或者服务。这种“前无古人”的行动具有极强的独特性。

Number One 指的是数量上的第一，比如在全日本或者整个行业，销售额、规模或者受欢迎程度排名第一。

Only One 指的是在某一领域内的唯一，比如独一无二的商品、服务或者销售方法等。

在以上这三个“ONE”中只要能做到一个，你的公司就可以成为与其他公司完全不同的独特存在。

找出三个“ONE”的方法

或许有人会说：“可是我们公司（店铺）在任何方面都做不到第一啊。”请不要着急，只要用以下方法就可以找到三个“ONE”：

A. 仔细选择领域

B. 大胆进行宣言

C. 改变展示方法

以山为例。

人们常说“谁都知道日本最高的山是富士山，但几乎没人知道日本第二高的山是什么（答案是北岳山）”。实际上这是仅限于“高度”这一领域的情况。

让我们试着换一个领域。在“拥有最大活火山口的山”这一领域中，阿苏山就成了第一；而在“东京附近最容易攀登的山”这一领域中，高尾山又成了第一。

第二种方法是大胆进行宣言，比如你可以自己提出一个领域“在日本看夕阳最美的山”。位于大阪湾区的天保山就号称“日本最低的山”，尽管其海拔只有 4.53 米，但因为在地图上以二等三角点表示，所以也确实可以被称为“山”。

除了天保山，在全日本还有数不清的以日本第一、日本唯一等为宣传点的山。由此可见，即便不是最高的山，但只要改变一下展示方法，也一样能够成为世人皆知的名山。

第三支箭是“吸引人的情节”

真实发生的具有象征性的事件，或者不畏失败坚持进行试验等行动都属于此类。如果能够将“吸引人的情节”与“理想”和“特点”结合起来，就可以使故事变得更加立体，发挥出更好的效果。

这三个方面不同的故事就像“三支利箭”一样组合到一起，不但无坚不摧，还可以使“故事”变得无懈可击，让你的公司能够得到更加稳定的发展，让顾客、员工以及当地社会都能清楚地看出你的公司“向着哪一个方向发展”“拥有怎样的特征”“每天都在进行哪些活动”。

本书中介绍的那些公司，基本都拥有通过将这“三支利箭”组合在一起而实现的打动人心的故事。反之，如果做不到这一点，那么不管是什么样的公司，都难以获得他人的支持，更别说得到媒体的报道了。

让我们以前文中提到的“Castanet”“MaCO”以及“宫治猪”为例，看看他们的“三支利箭”分别对应哪些内容：

Castanet 的三支利箭

●理想

成为一家社会贡献与事业同步进行的企业

●特点

虽然规模很小但在社会贡献上投入的力量是日本第一

●吸引人的情节

为柬埔寨的学校进行募捐

小公司的 CSR 报告书

设立在民宅中的社会贡献室

吉祥物“Casta 君”

MaCO 的三支利箭

●理想

实现“无微不至的护理服务”

●特点

独有的家庭化护理服务

●吸引人的情节

免费赠送宣传杂志*MaCO NEWS*

优良的前辈制度

感谢卡片

宫治猪的三支利箭

●理想

将第一产业转变为"'帅气、吸引人、赚钱'的新3K产业"

●特点

独特的饲养方法，通过烧烤大会直接向消费者提供猪肉

●吸引人的情节

从生产到最终送上顾客餐桌的一条龙服务

同时实现农业的活性化与地区的活性化

成立"NPO法人农家小子网络"

怎么用好故事营销的"三支利箭"？

故事营销的"三支利箭"一旦确立下来，公司、店铺或者商品的价

值就会明确地显现出来，也就是实现了价值的可视化。而在“价值可视化”的状态下，公司、店铺或者商品自然会变得充满魅力。

要想做到“不卖商品，卖故事”，让“三支利箭”确立下来同样不可或缺。为了练习寻找“故事素材”和“故事种子”的方法，我经常举办关于“三支利箭”的研讨会。

在研讨会上我会首先列举仅凭销售商品难以实现差异化的店铺，然后将参加者分成几组，讨论如果是自己开店的话会开什么样的店铺。接下来就是参加者发表自己的看法，每次研讨会上都会有令人耳目一新的好创意诞生。

难以实现差异化的店铺包括“书店”“酒馆”“家电店”“文具店”“药妆店”“加油站”等。参加者以这些店铺为例，思考能够战胜大型连锁店铺的“三支利箭”战略。

发表的内容包括①店名（昵称）②宣传语③理想④特点⑤吸引人的情节这五点。只要整理出这五点，就很容易让人联想到这是一个拥有什么样故事的店铺。

接下来让我们以书店为例来进行一下思考：

☆**帅哥堂书店**

（宣传语）

人生不只有工作，还有书和帅哥

（理想）

成为一家能够让因工作和家庭而疲惫不堪的女性恢复活力的书店

（特点）

店员全是帅哥（包括自称帅哥的），原则上只允许女性进店

（吸引人的情节）

· 带有帅哥店员照片的海报（上面写着帅哥喜欢的作家、熟悉的领域、兴趣爱好等）

· 由帅哥店员提供朗诵服务

· 顾客可以拥有自己的书架

· 设有专门的吧台，可以让顾客边饮酒边看书

· 设有托儿所，拥有育儿证书的帅哥提供帮忙照顾孩子的服务，让顾客可以安心地选书

☆ BOOKS“温柔乡”

（宣传语）

日本最温柔的书店

（理想）

为不能开车的老年顾客提供便利，让到店的顾客找到自己的生存价值

（特点）

不只卖书，还为老年人解决各种问题

（吸引人的情节）

· 在配送书籍的同时还可以配送食品等其他商品

· 有很多大字体的书

· 店内设有专门的休息区，提供茶水，有专人陪伴老年顾客听他讲过去的故事

· 可以定期给孙辈邮递书籍

· 为想要继续学习的人开设讲座

· 推出以书籍中故事发生的舞台为目的地的旅行活动

☆读书道场“柔”

（宣传语）

以成为阅读黑带为目标

（理想）

成为传达新型读书喜悦的书店

（特点）

购买并读完师父（店长）特选的课题图书之后就可以“升级”或者“升段”

（吸引人的情节）

· 每个种类的书籍都分成多个级别

· 初段以上就能够获得黑带（特制的书皮）

· 门口像道场一样挂着木质的名牌，顾客进店之后就将自己的名牌翻过来，这样谁来了店里就一目了然了。

· 成年人购买书籍并读完之后可以捐赠回店里，学生可以用 100 日元借阅。

☆ BOOKS BMG（Boy Meets Girl）

（宣传语）

引发命运邂逅的书店

（理想）

通过创造新的邂逅，加强人与人之间的联系，让当地社会活性化

（特点）

提供各种以书为媒介的邂逅机会及创意

（吸引人的情节）

· 举办以书籍为媒介的相亲会

· 给购买了相同书籍的异性两人牵线搭桥

· 召集拥有相同兴趣的人组成俱乐部并开展活动

· 邀请大家都喜欢的人举办脱口秀

· 推出以书籍中故事发生的舞台为目的地的探险旅程

看完上面这些创意，你觉得怎么样？

或许在现实中这样的店铺会遇到各种各样的问题。

但如果真有一家这样的书店，你会不会感兴趣呢？

如今，除了大型连锁店，其他绝大多数书店都处于困境，这是不争的事实。如果不对书店的系统和销售方法进行彻底的改变，恐怕这一行业很难在短期内出现好的转变。既然如此，不如大胆求变，或许还能找

到一条生路。

现在关于增加书店活力的创意，基本都停留在改变书架的构成和服务方法之类的层面上，但是这样做即便能够在短时间内增加销量，仍无法使销量长期保持下去。

而故事营销拥有能够使价值可视化的“三支利箭”，因此与那些耍小聪明的促销方法完全不同。与你的“理想”有共鸣的顾客一定会成为你的忠实支持者。另外，你还很有可能得到媒体的关注。

当然，研讨会讨论的内容不只局限于书店。任何行业都可以用这种方法来加深思考，发现创意。请大家也在自己的公司或店铺里尝试一下吧。

第　五　章

成功法则四：
如何用故事来销售？

~与消费者交心的七大魔法~

0　0　5

- **销量比别人多几倍的售货员有什么不同？**
- 一般销售卖商品，杰出销售卖“自己”
- 案例 1：新干线的手推车售货员将乘客当成恋人
- 通过“相亲相爱的关系”成为本地啤酒品牌中的 No.1
- **更新啤酒酿造故事，让消费者成为忠实粉丝**
- 案例 2：通过线下活动与顾客建立亲密关系
- **目标是建立像“小众音乐人与忠实粉丝”一样的关系**
- 7 个魔法让顾客不由自主爱上你
- 以花店为例活用“爱情故事战略”

销量比别人多几倍的售货员有什么不同？

在前文中我已经为大家介绍了如何发现自己公司或商品的“故事”，以及如何使故事确立。在接下来这一章中，我将为大家介绍传达故事的方法，以及加深与顾客之间联系的方法。

请先思考下面这个问题。

如果你是新干线列车上的售货员，主要的工作就是推着手推车在车厢里来回走，销售盒饭、饮料、土特产、小点心之类的商品，那么应该怎样做才能提高销量呢？

在新干线上推车销售恐怕是受制约最多的工作

了。时间有限，顾客没有流动性，商品种类少，而且在每个车站的专卖店中都有销售，最可怕的是价格还比专卖店中的更高。

身为售货员能做的事情十分有限。一般情况下，售货员只有在乘客发出购买信号时才会停下来销售商品，最多也就在乘客询问都有哪些种类的盒饭和土特产时做一些介绍。

就是在这样艰难的条件下，有些售货员的销量却是别人的三倍甚至四倍。

这些售货员究竟与其他售货员有什么不同呢?

一般销售卖商品，杰出销售卖“自己”

每一位销量比其他人多几倍的售货员都有许多独特的销售技巧。比如事前准备、推车方法、推车速度、与乘客之间的眼神交流等，每一个细节都有讲究。但这些销售技巧充其量只是枝叶部分而已，最重要的主干部分是思考方法。

这些售货员有一个共同点，那就是将让乘客感到满意放在第一位。

她们不像别的售货员那样只会采用千篇一律的机械化回应，而是根据乘客的具体情况在后面加上一句话。

假设有乘客购买了一杯咖啡，那么普通的回应就是说一句“咖啡很烫，喝的时候请注意”，但她们会更详细地介绍，“这是刚冲泡好的咖啡。新干线上的咖啡都是现冲现泡的，很烫，喝的时候请注意”。听到这番话，乘客会感觉自己了解了更多的信息，从而获得一种满足感。甚至有顾客会惊奇地感慨道：“原来如此，是在车上现冲现泡的啊，难怪这么好喝。”

虽然只是很简短的对话和交流，但乘客能够从中获得愉快的回忆和更多的信息，售货员则与乘客一起创造出了“故事”。

也就是说，这些售货员销售的并不是盒饭、饮料、土特产和小点心之类的商品，她们销售的是“自己”，销售的是她们与顾客之间的“故事”。

☑ **案例 1:**

新干线的手推车售货员
将乘客当成恋人

不止新干线上的手推车售货员，所有比其他人销量更高的售货员和销售员都有一个共同点，那就是“每当见到顾客的时候都会开心得不得了”，简直像见到了恋人一样。

曾经有一位出版社的销售人员，从刚入职开始就连续打破出版社的销售纪录，她在接受媒体采访的时候就明确地表示“书店是我的恋人”。

每次去书店进行推销的时候她都激动不已。当走进书店的那一瞬间，她感觉自己就像走上舞台的演员一样，浑身都散发着光芒。为了能够进一步提高书店的销量，她会和书店的店员一起思考各种各样的办法，而她自己也乐在其中。

她与新干线上的手推车售货员的相同之处在于，都坚信自己的销售活动能够给对方带来幸福，所以她们才会“每当见到顾客的时候都会开心得不得了”，每次进行销售工作都像是去约会一样。

对她们来说，顾客既不是“上帝”也不是“目标”，而是“恋人”。这样一来，她们与顾客之间自然而然地产生了“故事”，而且是幸福的爱情故事。

之前很流行一个词叫作“双赢”，但她们并不满足于“双赢”，而是追求更进一步的“相亲相爱的关系”。如果能够与顾客之间达到相亲相爱的状态，那么销售的一方也会出现良性的改变。

首先，销售工作会变得更加快乐。因为每次与顾客的见面都会让销售者兴奋不已，所以接下来的销售活动自然会变得十分顺利了。

如果你的企业或店铺能够与顾客构筑“相亲相爱的关系”，那毫无疑问会生意兴隆。

通过“相亲相爱的关系”
成为本地啤酒品牌中的 No.1

有一家啤酒企业就通过与顾客构筑“相亲相爱的关系”使商品

销量出现了惊人的增长。这就是位于长野县佐久市的酿酒厂 YOHO Brewing。

YOHO Brewing 成立于 1996 年，是星野度假村集团的下属公司。其创始人在美国留学的时候第一次品尝到精酿啤酒，因为被精酿啤酒的美味感动而产生“想让日本人也喝到这么美味的啤酒”的想法。据说 YOHO Brewing 这个奇怪的名字就是为了表现他当时在轻井泽的山中兴奋地高喊“我终于酿造出美味的啤酒啦”的样子。

YOHO Brewing 刚成立的时候公司只有 7 个完全没有啤酒酿造经验的人，其中就包括现任社长井手直行。创业第二年，他们的酿酒厂“夜夜乡”开业，主要生产和销售“夜夜精酿啤酒”。

20 世纪 90 年代的时候，日本兴起了一阵“支持本地啤酒”的热潮，因此夜夜乡在初期发展得十分顺利，但当热潮退去之后夜夜乡的销量急速下降。

热潮退去主要有两个原因。第一个原因是当时日本出现了发泡酒，与价格虚高的啤酒相比，发泡酒的价格更合理而且听起来更有品位。另一个原因是日本全国各地都出现了大量粗制滥造的本地啤酒，这使消费者对本地啤酒失去了兴趣。

本地啤酒的热潮过去之后，“夜夜精酿啤酒”的销量也一蹶不振，要进入大牌啤酒竞争激烈的超市和便利店更是不可能。面临这样的困境，井手将目光放到了网络销售上。

尽管在此之前谁也没有尝试过网络销售，但这已经是唯一的生路。井手首先采用的办法就是将自己公司生产的精酿啤酒的“商品故事”非常详细地发布在网站上。比如“精酿啤酒是如何酿造出来的”“精酿啤酒口感醇香的原因”“与大牌啤酒有什么不同”“怎样品尝才会更加美味”，等等。

尽管他早就想将这些故事传达给顾客，但之前一直没有找到机会。当他终于将“商品故事”完整地传达出来之后，很多顾客都被吸引而来，有些顾客在品尝过后甚是喜欢，就这样变成了回头客，夜夜乡也从此走上了飞速发展的道路。

更新啤酒酿造故事，
让消费者成为忠实粉丝

在看到顾客们的热情之后，井手的意识也发生了改变。之前他思

考的都是“如何将商品卖出去”，而现在他思考的是“如何让顾客感到喜悦”。

他还将这种思考方法推广到销售和商品开发两个方面。

夜夜乡的啤酒都拥有十分明显的特色。除了曾经荣获世界三大啤酒品鉴会金奖的“夜夜精酿啤酒”，夜夜乡还推出了拥有强烈苦味的“印度青鬼”，让人联想到英国黑啤的“东京 BLACK”，每次都使用不同材料进行酿造的“前略，没听到你说什么喜欢 SORRY”，拥有柑橘和薄荷香气的白啤酒“星期三的猫”等许多充满个性的啤酒。不管商品名还是包装都十分独特。

但要想将消费者变成忠实粉丝，仅仅依靠商品的魅力是不够的。井手和员工坚持在网站上更新关于啤酒的文章和动画，这也是吸引顾客并增加顾客忠诚度的重要因素。

在“夜夜精酿大学”栏目中，夜夜乡的酿酒师会充满热情地为顾客讲解精酿啤酒的魅力。而在“在线参观酿造厂”栏目里，员工组成了史上最强的“酿造厂导游团”，发表了许多对酿造厂进行介绍的文章。

正是因为在“让顾客感到喜悦”上下足了功夫，消费者才会变成忠实粉丝。

☑ 案例 2：

通过线下活动与顾客建立亲密关系

夜夜乡为了加强自身与顾客之间的联系，除在网上进行交流之外还经常举办让员工与顾客实际见面接触的线下活动。

从 2010 年开始，夜夜乡就定期举办“夜夜和平宴会”。井手自不必说，其他经常在网站上发表文章的员工也都会参加。因为这些员工经常在网站上露脸，所以就算是第一次来参加活动的顾客也会产生“想和脸熟的店员聊聊天”的愿望。而在宴会上还有许多加深参加者之间了解和联系的小活动。

除了“夜夜和平宴会”，夜夜乡还有“酿酒厂参观之旅”“亲手酿造”“摄影大赛”等许多与顾客进行实际交流的活动。参加活动的顾客会感觉自己与夜夜乡之间的距离更近了，从而成为忠实粉丝。

一旦顾客成了忠实粉丝，那么他就会自发地向自己的亲人和朋友推荐夜夜乡的啤酒，甚至将夜夜乡的啤酒当作礼品赠送给别人。而被推荐或者收到礼品的人，也很有可能喜欢上夜夜乡的啤酒。这样一来，忠实粉丝的数量就会越来越多。

井手及其员工坚持“在啤酒酿造上绝对不能有半点松懈！在宣传工作上则要轻松幽默”的宗旨，以“让顾客感到喜悦”为目标，终于实现了与顾客之间“相亲相爱的关系”。

目标是建立像
“小众音乐人与忠实粉丝”一样的关系

著名的音乐人一定拥有许多粉丝。

但粉丝也分为只看 MV 或者只在卡拉 OK 里翻唱的普通粉丝，以及购买所有 CD 和 DVD、参加所有演唱会的忠实粉丝。此外还有只购买精选专辑，介于普通粉丝和忠实粉丝之间的中度粉丝。

对著名的音乐人来说，任何一种粉丝都非常重要。尽管金钱贡献度最高的是忠实粉丝，但中度粉丝和普通粉丝在数量上更胜一筹，数量可以弥补个体金钱贡献度低的问题，而且对音乐人来说，粉丝群体的数量多少也是决定其是否能够受邀出演广告或者接受电视台采访的重要因素。

但对小众音乐人来说情况就完全不同了。不会做出金钱贡献的普通粉丝并不能帮助小众音乐人维持生活，所以小众音乐人必须想尽一切办法增加愿意掏钱的忠实粉丝。

著名音乐人就相当于大型企业，而小众音乐人相当于小企业或店铺。

如果是大型企业，就算忠实粉丝的数量不多，仍然可以依靠数量庞大的其他粉丝来维持下去，但小企业或店铺如果只有普通粉丝的话，那生意就做不下去了。所以小企业或店铺必须将顾客变成忠实粉丝。

忠实粉丝不但会购买你的所有商品，还会主动帮你宣传。忠实粉丝很喜欢在一起交流，并且能够从中获得喜悦，对你的企业或店铺的发展与成长感到由衷的欢喜。

只要拥有这样的忠实粉丝，就算企业或店铺的规模很小也一样能够生存下去。

7个魔法
让顾客不由自主爱上你

忠实粉丝就像被你深深吸引的恋人。正所谓“坠入爱河的人都是盲目的”，“爱情”本身就无法用常理来解释。如果能够在商业活动中实现“没有理由的喜欢”，那毫无疑问是最佳的状态。

“虽然明知道它不怎么实用，但我一下子就被这款家电吸引了。”

“虽然说不清楚是怎么回事，但我就是想买这款商品！”

“虽然没有什么特别的理由，但我每周都想去一次那家店铺。”

“虽然不知道为什么，但我就是想从那位售货员那里买东西。”

或许你自己也遇到过上面这样的情况吧？

但是身为企业或者商家，直接对顾客说“请毫无理由地喜欢我吧”肯定不行。

因此，一定要给原本“说不清楚的理由”强行加上一个理由，我将其称为“爱情故事战略”。

“爱情故事战略”

让顾客爱上自己的七个魔法

魔法 1：不卖商品，卖故事！

魔法 2：引起对方的兴趣

魔法 3：通过五感全方位地传达信息

魔法 4：加深与顾客之间的关系，与顾客一起行动

魔法 5：尽量多展示自己

魔法 6：保留一些神秘要素

魔法 7：每次提高 1% 的期待值

“爱情故事战略”简单说来，就是避开与其他企业或店铺厮杀的战场，通过独特的魅力让顾客“毫无理由”地喜欢上自己。

接下来让我们对这七个魔法逐一进行分析。

魔法 1：不卖商品，卖故事！

这是本书反复强调的内容，此处就不再赘述。

魔法 2：引起对方的兴趣

请回忆一下学生时代上课的情况。

不同的老师“上课时的有趣程度”可能存在着巨大的差异，就算同样的课程，因为老师教学水平不同，有人讲的课就很吸引人，有人讲的课则十分枯燥乏味。如果老师讲得好，学生们肯定也听得津津有味，很期待上课。

实现“爱情故事战略”的第二个魔法，就是引起顾客的兴趣。

每个人都喜欢有趣的东西。有趣的场所或者有趣的人自然会吸引别人聚集过来，最好的例子就是迪士尼乐园。

为什么人们都喜欢有趣的东西呢？因为有趣的东西可以使人感到快乐。人类对“快乐”的欲望十分强烈，如果能够让人感到“快乐”，人类就会自觉地靠近。

“快乐”虽然也有肉体上的，但精神上的更加重要。而当人类感到“有趣”的时候就会获得精神上的“快乐”。

如果你的企业或者店铺能够让顾客感觉到“有趣”，那么就可以吸引顾客前来。前文中提到的“夜夜乡”就通过自己的网站宣传和举办的活动让顾客感到“有趣”，所以吸引了很多人。

当顾客实际使用了你提供的商品和服务之后能获得“快乐”，他自然愿意继续使用，从而成为回头客。

你的企业或店铺能够给顾客带来“快乐”吗?

魔法 3：通过五感全方位地传达信息

大家都听说过“大海”这个词吧。

让我们稍微联想一下。

当你听到“大海”这个词的时候最先想到的是什么呢?

湛蓝的海水和洁白的沙滩之类的“风景”? 波涛的声音和海鸥的叫声等“声音”? 海潮的“气味”? 跳进海水中或者躺在沙滩上面的“触感”? 或许还会有人最先想到海水苦涩的“味道”吧?

实现“爱情故事战略”的第三个魔法，就是“通过五感全方位地传达信息”。

五感指的是视觉、听觉、嗅觉、触觉、味觉这五种感觉。换成动词的话就是看、听、闻、摸、尝，还可以理解为颜色（形状或视觉效果）、声音、气味、触感、味道。

一般情况下，人类获取的信息里有 80% 都是通过视觉获得的。但除了视觉信息，通过其他感觉获取的信息也能够被保留在记忆之中，这是不争的事实。

很多人都有过这样的经历，当闻到一种特定的气味时，大脑里就会自然而然地浮现与这个气味相关的回忆。特别是女性，对视觉以外的信息，比如听觉、嗅觉以及触觉等获取的信息都非常重视。而不管男女，人类都可以被大致分为视觉重视、听觉重视、其他感觉重视这三种类型。

前文中提到的与“大海”有关的联想，就是找出自己属于哪种类型的测试。首先想到风景的人就属于视觉重视类型，想到声音的人属于听觉重视类型，想到气味、触感和味道等的人则属于其他感觉重视的类型。

很多店铺都非常重视视觉信息，而对其他的感觉信息不怎么重视。特别是电商网站，因为是在网络上销售商品，所以它传达的基本上都是视觉信息。

人类只有在自己最敏感的感官受到刺激的时候感情才会出现波动，而顾客并非全都属于视觉重视类型，所以如果能够下意识地对视觉之外的感官进行刺激，那么你的企业或店铺就会成为与其他竞争对手完全不同的独特存在。

通过五感全方位地传达信息，能够最大限度地刺激顾客的感官，使顾客喜欢上你的企业或者店铺。

你的企业或者店铺是否通过五感全方位地传达信息了呢？

魔法 4：加深与顾客之间的关系，与顾客一起行动

请回忆一下你之前曾经交往过很久的朋友。你究竟是出于什么样的理由才和他相处了那么久呢（以前在一起相处多指在物理上处于同一空间，现在在网络上联系的时间也应该包括在内）？

恋爱与距离之间有非常密切的联系。一般来说，距离越近越容易形成恋爱关系。

1968 年，美国的心理学家罗伯特·扎伊翁茨在论文中指出，只要反复多次接触，人类就会对接触目标产生好感并且留下深刻的印象，这被称为纯粹接触效应。

还有一个与纯粹接触效应同样重要的效应，那就是“相似效应”，即人类更容易对具有某种共同点的事物产生亲近感。

这个共同点可以是兴趣爱好也可以是出生地，或者是任何内容。让拥有共同点的人在一起行动时这种效应会表现得更为明显。人类对属于同一集团的同伴更容易产生亲密感。上学的时候同班同学更容易成为恋人就是最好的例子。

这两个效应在商业活动中也同样有效。只要增加接触次数，顾客就会对企业或店铺产生好感，就算不亲自来店铺，通过广告、传单、博客、SNS 等各种渠道来提高接触频率也可以。

但这也和恋爱一样，只有与喜欢的人频繁接触才会产生亲近感，如果与讨厌的人频繁接触则会起到相反的效果。所以只有在确定顾客对自己的企业或店铺有好感的前提下才能采取增加接触频率的战术。

如果你的企业或店铺能够与顾客像伙伴一样共同行动，那么就可以使亲近感变得更强。具体来说，就是以你的企业或店铺为中心进行交流。这样一来，你就能和顾客产生深厚的感情羁绊，顾客也会更愿意购买你的商品。

但这和传统的拉拢顾客的方式有所不同，与电子商务以“销售”为主的拉拢顾客的方式也不一样。

要想与顾客产生“爱情故事”，首先必须给顾客提供一个“感觉舒适”的环境。

在交流过程中最重要的，就是让参与交流的顾客感到“快乐”“被需要”和“获得大家的认可”。

企业或店铺必须给顾客提供“快乐”和“好处”，千万不能将“请购买我的商品”这种态度表现得太明显。

有一家酒馆，主要为小饭店等餐饮店提供酒水，但因为陷入价格竞争而出现了经营危机。于是这家酒馆的老板决定回到原点，思考“酒馆能够给作为客户的餐饮店提供什么”。

在对客户进行了问卷调查之后，他发现餐饮店都希望能够获得其他店铺的信息。因为餐饮店每天都要营业，很少有休息日，所以餐饮店的从业人员几乎没有去其他店铺考察的时间。

于是这家酒馆的老板自己制作了一份报纸赠送给客户，报纸上记载了其他餐饮店最受欢迎的菜品等信息。后来他又顺势举办了研讨会，介绍生意兴隆的店铺的经营方法，或者请讲师来给大家传授经验。参加研讨会的人数不断增加。

通过上述交流，这家酒馆的销售额得到了大幅提升。

你的企业或店铺是否和顾客一起行动了呢？

魔法5：尽量多展示自己

你是否有过这样的经历，当和你聊天的对象忽然说出自己的秘密或者弱点时，你也会不由自主地向对方说出自己的秘密和弱点?

像这样自己将自己内心的想法和秘密坦白的行为，在心理学上被称为“自我披露”。一般情况下，当对方率先自我披露之后，人类就会解除自己的心理戒备，自己也变得愿意进行自我披露。

比如恋爱就经常从自我披露开始。而在商业活动之中，自我披露也具有同样的效果。

如果有两个人站在你的面前，一个是陌生人，另一个是熟悉的人，那么你肯定会更加相信熟悉的人。也就是说，自我披露是在商业活动中实现“差异化”的一种有效手段。

商业活动中可以自我披露以下这些内容:

名字、照片、年龄、生日、血型、现住址、家人、出生地、学历、职业经历、兴趣、喜欢的音乐以及书和电影、座右铭、尊敬的人物、从事工作的契机、目标、理想，等等。

如今自我披露的方法也有很多。要是在以前，人们只能通过当面聊天、写信、发传单或者打广告等方法来进行自我披露，但现在有很多像博客、微博、朋友圈之类的自媒体，人们可以随时随地进行自我披露。

坦白地说出自己公司及商品的缺点和短处也是一种很有效的自我披露方法。敢于自己说出缺点和短处的人，反而更容易获取他人的信任。

然而，自我披露并不适用于所有的情况。如果在双方还不太熟悉的阶段就自我披露得太多，反而会使对方感到困惑，这一点不论是在恋爱中还是在商业活动中都一样。另外，如果在见面时表现出的是一种成熟稳重的形象，在博客和微博等自媒体上所用的言辞却过于激烈的话，更会让对方出现混乱。还需要注意的一点就是，在自我披露的时候应该尽可能避开政治和宗教等敏感的话题。

最好的做法应该是在一个符合自己人物设定的媒体上，选择能够普遍引发共鸣的内容来进行自我披露。

你的企业或店铺是否进行过自我披露呢？

魔法6：保留一些神秘要素

假设你必须在一个派对上表演魔术节目。

你为了演出成功拼命练习，然后到了派对当天你的魔术表演非常成功，大家全都为你拍手叫好。

接下来大家肯定会说“这魔术是怎么变的啊”“教教我们吧”，同时还用非常热切的目光注视着你，你不愿扫大家的兴就把魔术的秘密告诉了他们。结果如何呢？大家都会大失所望地说“原来是这样啊”。因为魔术一旦被揭秘，就会失去所有的光芒，变得不再神奇。

我在前文中让大家“尽量多展示自己”，看到这里或许有人会觉得前后矛盾，但绝对不能将自己的所有秘密都毫无保留地展示出来。

人类一旦了解了对方的所有事情，就会对其失去兴趣。只有保留一部分秘密才能够长久地吸引他人。

你在电视上看到的那些著名的魔术师，大家都是因为猜不透他的手法才爱看他的表演。

如果魔术师将自己的魔术手法全都公之于世，那么他的光芒也会随之消失。因为知道了魔术秘密的观众不会再从观看魔术中获得快乐，只会产生失望。对观众来说，魔术最大的魅力就是能够让他们发出“为什么？”“太不可思议了！”的惊叹。

秘不外传的生产方法、特制的酱汁、新商品的信息等，这些神秘的要素能够引起他人的兴趣。

你的企业或店铺是否拥有谁也不知道的秘密要素呢？

魔法 7：每次提高 1% 的期待值

请想象一下这样的情景。

假设你和朋友两个人去一家小饭馆吃饭。有一份凉菜需要蘸酱汁食用。你吃了一口之后感觉这个酱汁非常好吃，于是随口对上菜的店员说了一句：“这个酱汁味道不错啊。”店员立刻回答：“这是 ×× 产的酱汁，非常有名。”

当你们吃完饭结完账正准备出门的时候，刚才那个店员拎着两个小袋子走过来，一边将袋子递给你和朋友，每人一个，一边笑着这样说道：

“这是刚才的酱汁，您说味道不错。虽然不多，但不嫌弃的话请带回家品尝吧。”

你会有怎样的感觉呢？肯定会很感动、很开心吧？下次你再来这家店的概率也会大增。

消费者在购买某种商品或者服务的时候都会在无意识中觉得“这个东西大概是这样的”，也就是设定一个期待值。

如果实际的商品和服务与期待值相当，那么消费者就会感到满意。但只有满意并不能给消费者留下特别的印象，消费者很快就会将满足的感觉忘掉，当然也不会成为回头客。

只有在得到的商品和服务高于或者低于期待值的时候，消费者才会对它有特别的印象。低于期待值的话消费者会感觉不满，决定再也不去那家店。如果比期待值低太多，那么消费者会感到愤怒，甚至会对店铺进行投诉。

如果商品和服务高于期待值的时候又会怎样呢？超出满意预期能够给消费者留下深刻的印象，甚至让消费者产生“感动”的心理。刚才提到的酱汁那个例子，就是因为店员提供了完全超出顾客预期的服务，所以才打动了顾客的心。

但也有一点需要注意，那就是不要超出期待值太多。

还是以刚才那个饭店为例，如果顾客说“你们店里的酒真好喝啊”，然后店员就送给顾客一瓶酒，这恐怕就不太合适。顾客或许会觉得“无事献殷勤，非奸即盗”，从而产生戒备心理。

而且期待值一旦提升，下次消费者就会习以为常。如果刚才那个饭店在顾客第二次来的时候还送酱汁，那肯定不会使顾客产生像第一次那样强烈的感动。绝对不能在一开始将期待值提升得太高，否则后面就无以为继了。所以第七个魔法是“每次提高 1% 的期待值”。

期待值只要提高一点点就够了。因为只要是超出消费者预期的商品或服务，就可以给消费者留下特别的印象，从而使消费者成为企业或店铺的粉丝。

如果你的企业或店铺能够每天坚持尝试上述几个法则，那么在半年或者一年之后一定能够取得让你大吃一惊的成果。

以花店为例
活用“爱情故事战略”

现在大家已经了解了“爱情故事战略”的基本法则，那么具体应该如何活用呢？接下来让我们以花店为例来进行具体的思考吧。

假设这家花店的名字是“肖邦”。女店主以前的梦想是成为一名钢琴家，她特别喜欢肖邦的乐曲。

她曾经在一次演奏时收到了别人送的花束，当时感到很受鼓舞。但由于种种原因，她成为钢琴家的梦想破灭了。结婚后她成为一名专职的家庭主妇，后来孩子大了，她有了些空闲时间，就打算自己开一家店铺。而第一个浮现在她脑海里的就是花店。

她希望能够通过鲜花给他人带来活力，让孩子们更加感性。现在假设你就是这位女店主，来思考应该如何开展“爱情故事战略”吧。

魔法 1：不卖商品，卖故事!

首先要传达的是花的故事。

比如“郁金香”，除了介绍郁金香的历史、颜色、种类、花语等基本信息，还可以介绍保养上的注意事项。关于花的故事可以在店铺里或者网络上传达给顾客。

其次需要传达的就是店主自己的故事。可以将前文中提到的音乐与花的内容故事化。

比如音乐与花之间的联系，开花店的原因，为什么花店叫这个名字等，当然不管哪个故事一定要附上店主的照片。

这个故事也可以通过网站或者博客来传达，还可以制作成海报或者宣传册摆在店里显眼的地方。

在创造故事的时候可不要忘了故事营销的“三支利箭”。首先需要明确“你想通过卖花给社会带来怎样的影响”的“理想”。然后还要表明你的花店与其他花店有什么区别，也就是“特点”。

上述内容都是最基本的“故事”。

至于“吸引人的情节”，在实行第二个魔法到第七个魔法的时候自然而然会出现。只要将这些情节收集起来传达出去就行了。

魔法 2：引起对方的兴趣

不管是网店还是实体店，都要能够引起顾客的兴趣才行。

要想引起顾客的兴趣，首先要让顾客了解你和你的店员。可以从贴出自己的照片，公开自己喜欢的花、喜欢的音乐、兴趣等内容开始。

另外还可以通过博客和宣传单来传达有趣的信息或者事迹。比如很多普通顾客都不了解“鲜花批发市场”，那么你就可以对“鲜花批发市场”做一个详细介绍，这肯定会引起很多人的兴趣。

一年中有很多节庆活动和纪念日都需要送花。新年、情人节、儿童节、白色情人节、赏花日、母亲节、父亲节、重阳节、中秋节、万圣节、圣诞节，等等。每当这样的日子临近的时候，就应该提前改变网站或者店铺的布局与陈列，为顾客介绍在不同的节日送哪些花比较合适。还可以通过图片来让顾客一目了然地看出在不同的季节应该用哪些花来做生日礼物。

给花束命名也是个不错的创意。这家花店因为店名叫作“肖邦”，所以可以用曲名来给花束命名，比如“肖邦的第二奏鸣曲”“夜曲”等古典音乐。也可以用流行音乐来进行命名，比如《充满爱的花束》《世界终结之夜》《未来预想图 II》等。这些花束可以每天在网上限量销售，与音乐 CD 搭配销售也不错。

除了上述这些内容，还有很多可以引起顾客兴趣的创意，大家只要多多思考，一定能够想到更好的创意。

魔法 3：通过五感全方位地传达信息

对花店来说，能够让顾客眼前一亮的视觉效果永远是最重要的。而在视觉效果的基础之上，如果能够再加上背景音乐和花香等听觉和嗅觉上的刺激则效果更佳。

即便是在无法实际闻到花香的网站上，也可以通过文章来刺激视觉之外的感觉。

通过将鲜花与红酒和巧克力一起搭配销售还可以对味觉进行刺激。

既然店名叫肖邦，那么店里的背景音乐一定要选择肖邦的音乐，店内的细节也应该尽量多用 CD 等进行装饰。用乐谱当花束的包装纸也会让顾客产生仿佛听到了优美音乐的感觉。

魔法 4：加深与顾客之间的关系，与顾客一起行动

举办一些用鲜花来装点生活的活动，可以加深你与顾客之间的关系，增加与顾客一起行动的时间。

如果想通过鲜花来使孩子们变得更加感性，举办一个“亲子同乐的野花花束”之类的活动就很不错。

或者可以成立一个与鲜花有关的组织，将顾客招募为会员。

比如“在结婚纪念日给妻子送花的丈夫联合会”。

或者“大胆地在母亲节给妈妈送豪华花束的孩子联合会”。

如果这些组织的交流火热起来，或许还会有媒体来对花店进行采访呢。

将捧着花束的顾客的笑容拍摄下来，在征得对方同意的前提下摆在店铺里或者网站上也是一个不错的主意。当然照片不能白用，可以给顾客赠送一些优惠券作为谢礼，这样做还有一个好处就是可以吸引顾客下次再来。

魔法 5：尽量多展示自己

通过博客、微博、论坛、宣传杂志、宣传单等一切可能的手段，将花店的日常活动以及你对鲜花的感情传达出去。这样可以很自然地实现自我披露。

偶尔也可以坦率地将自己的软弱之处或者遇到的困难说出来，老老实实地承认“有一种花采购多了，只能便宜处理掉”也不要紧。

魔法 6：保留一些神秘要素

在自我披露的同时，保留一些神秘要素也很重要。

比如店内挂一张很有年代感的黑白照片，照片上是一位帅气的男性。每当顾客问你“这是谁”的时候，你只是微笑却并不回答。

或者，每天柜台的正中间都摆着一束非常漂亮的花，但不管谁问都不卖。

这样是不是让人感觉很神秘？

当然，保留神秘感并不是故弄玄虚，最好的办法是在自己的故事里留下一些“谜团”。

魔法 7：每次提高 1% 的期待值

请站在顾客的立场上想一想，花店做什么事能够打动你的心，让你愿意将这件事与他人分享？

是在你买花的时候额外赠送你一些小礼物？还是在你路过花店门前的时候主动与你打招呼？或者……

时隔很久的一封信或许也会让人感动。总之，请思考要怎样做才能给出超过期待值 1% 的服务。关键在于站在顾客的立场上进行换位思考。

以上就是花店的“爱情故事战略”。

只要坚持实行这些战略，一定能够让顾客变成自己的忠实粉丝。

好销售

都是讲故事高手

/

第　六　章

成功法则五：什么是故事销售的核心？

~一切从人出发~

0　0　6

- **商品 + 人 = 故事**
- 经营者的经历，对公司和商品的感情，都可以成为故事的好素材
- **让员工成为明星，对工作充满自豪感**
- 案例 1：员工笑脸印在海报上，比促销管用
- 案例 2：将自然与人融入商品，增加附加值
- **“顾客的声音”比卖家的宣传更有用**
- 找到消费者的真正需求
- 与顾客之间的故事，是公司最宝贵的财富
- 坚持收集小故事，不用刻意去编

商品＋人＝故事

在前文中我为大家介绍了许多“利用故事促进销售”的方法。在最后一章，我想为大家介绍一个最简单却又非常重要的方法。

请大家回忆一下我提到过的那些案例。

销售“新人采购员发现像蜜桃般芜菁的故事”的电商网站

销售“继承父亲理想”的纳豆生产企业

销售“帮助孟加拉国的农民摆脱贫困的豆芽”的食品公司

销售“让游客享受日本文化的体验”的北海道的酒店

销售“与许多部员一起种植柠檬的乐趣”的园艺公司

销售“社长对社会贡献的坚持”的办公用品销售公司

销售“员工为了让顾客感到快乐而付出的努力”的啤酒公司

大家有没有发现上述案例中存在着一个共同点?

没错。在上述所有的销售内容之中，除商品之外还有“人”的存在。请大家想一想，不管小说、电影还是电视剧，所有的故事一定都有人登场（拟人化的动物、植物、大自然和加工品也算)。因为有人登场才能称之为“故事”。

换个更简单的说法。

“只有在商品中加入人的要素才能成为故事”。

只要掌握了这个最基本的原则，任何人都可以“利用故事促进销售”。

如果能够让故事遵循黄金法则、三支利箭以及相亲相爱的故事战略，那么你和顾客的关系将会变得越来越稳固。

当然，“故事”并不是只能对外的，在想要将理念渗透进企业内部的时候，“以人为本的故事”也一样能够发挥重要的作用。

或许有人说，“我也想利用故事促进销售”“我也想用故事让公司内部变得更加团结”。那么接下来我将通过真实的案例来为大家介绍“在商品中加入人的要素”的具体方法。

经营者的经历，对公司和商品的感情，都可以成为故事的好素材

社长等经营者的人生经历，或者对公司和商品的感情，都可以变成强大的“故事”。小规模的企业想要利用故事来促进销售的时候，应该尽可能地从这个出发点开始。

让我们来看一个总部位于某小城市的废品回收公司的案例。

这家公司没有实体店，一切业务都在网络上进行。他们通过邮购的方式收购别人不要的书籍、CD、DVD、服装、箱包、手表、贵金属、首饰等，然后在电商网站上进行销售。

通过将别人扔掉可惜、留着还没用的东西收购过来，再卖给有需要的人来获取利润，不但为解决环境问题做出了贡献，还可以将一些物品

捐赠给非营利组织，从而实现真正意义上的循环型社会。

这家公司的社长 K 先生原本在一家大型生产企业工作，后来他忽然想到了这样一种商业模式，于是决定创业。在其公司刚成立的 2000 年，通过邮购来进行废品回收的服务十分少见，走上正轨的公司更是一个也没有。

当 K 先生将自己的想法告诉亲戚朋友的时候，大家全都强烈地反对，说这是“绝对行不通的”。

然而 K 先生坚信这种商业模式具有能够改变世界的潜力。尽管他在创业之后遭遇了一个又一个危机，公司连续 6 年都处于赤字状态，但到了 2010 年的时候他的公司终于走上了正轨，成为网络废品回收领域的领军企业。

正所谓居安思危，K 先生发觉他并没有将自己对这项事业的感情以及公司未来的发展目标传达给自己的员工。另外，他还意识到一直以来让自己公司处于领先地位的物流系统正在逐渐被其他企业模仿。而要使自己的公司更上一层楼，必须与更多的企业展开合作。

于是 K 先生将自己的经历，对这项事业的感情和理想，以及未来的远大发展目标等内容故事化，制作成一部十几分钟的动画片。

他在一次公司内部举办的活动上播放了这部动画片，很多员工看完之后都感动得泪流满面。社长的感情和理想终于完整地传达给了每个员工。其实之前 K 先生一直在找机会将这些内容传达给员工们，但因为没有将其故事化，所以传达起来既不方便也不够完整。

后来他又将动画片的内容文字化，在《日本经济新闻》上购买了一整版的版面将其刊发。K 先生公司的合作企业在报纸上看到这份广告之后也与 K 先生的理念产生了强烈的共鸣。

后来 K 先生又利用这个动画和报纸广告赢得了许多合作伙伴，如今 K 先生的公司正朝着下一个目标继续前进。

让员工成为明星，对工作充满自豪感

正如前文中提到的那样，将经营者的感情传达出来具有非常重要的意义。但与此同时，提高员工的工作热情也同样重要。只要员工有工作热情，员工和顾客之间的关系自然会变得更好，公司的利润自然会增加。

要想提高员工的工作热情，最有效的方法是让员工成为明星。

让我们来看一个位于北海道的住宅建筑公司的案例。

这家建筑公司坚持使用当地产的木材，建造出的住宅因为保温性好且隐秘性强而深受用户喜爱，而且其售后服务也非常到位。这家建筑公司的社长是木匠出身，以严谨认真的匠人精神著称。所有找他们建造过房子的客户都对他们的工作赞不绝口，而且主动为他们介绍新客户，所以这家建筑公司业务不断，看上去生意十分兴隆。

但实际上这家建筑公司也有自己的烦恼。那就是木匠师傅和学徒工的流动性太强，无法保证员工的稳定率，而且客户还经常砍价。明明是费尽心力仔仔细细完成的工作，从中却赚不到多少利润。

也就是说，这家建筑公司拥有高超的建筑工艺，还有很多可以打磨成“故事”的素材，但无法将这些内容传达出去。

首先需要解决的问题就是让木匠师傅和学徒工都稳定下来，对住宅建筑公司来说，就是让木匠师傅对自己的工作感到骄傲和自豪，将自己建造的住宅当成“作品”。

因为客户能够非常直观地看到木匠师傅工作的状态，所以不管公司对外传达的是多么崇高的理念，但如果在现场木匠师傅表现不出相应的工作热情，那么公司方面的传达就会显得苍白无力。

之前这家公司的官方网站和宣传册上刊登的图片全都是商品（住宅），几乎没有人物登场。所以首先应该从这个地方着手进行改变。

于是这家建筑公司请来专业的摄影师，为木匠师傅和其他工匠拍摄非常帅气的照片，然后将这些照片与个人介绍一起刊登在官方网站和宣传册上。只是实行了这样一个小小的举措，木匠师傅和工匠们的工作热情就发生了惊人的变化。

因为这家公司的案例属于现在进行时，所以结果尚不得而知，但只要能让员工对自己的工作感到骄傲和自豪，那么肯定能够提高员工的稳定性，这是毫无疑问的。

而顾客看到木匠师傅和工匠们的照片会更放心，同时也更容易被吸引。

综上所述，这种方法在公司内外都能够带来值得期待的效果。

☑ **案例 1：**

员工笑脸印在海报上，比促销管用

位于爱知县丰桥市某住宅区的“一期家一笑”是一家只有 260 平方米的小超市，只有普通超市的四分之一大小，而且其商品的价格与大型超市相比完全没有优势，商品种类也称不上齐全。

走进这家超市之后，最吸引人目光的就是比普通的 POP（店面促销工具，如吊牌、海报等）大出许多的商品说明海报，而且在这张巨大的海报上必然有店员的照片。

在寿司卖场，除了“请让我为您做寿司”的宣传语，旁边肯定还有一张举着“当场制作、保证新鲜”宣传牌的店员的照片。

在鲜鱼卖场，除介绍不同种类的金枪鱼都有哪些区别的宣传海报之外，旁边肯定还有一张拿着金枪鱼和写着“金枪鱼的秘密”宣传牌的店员的照片。

在蔬菜卖场，除了写着“虽然千年鹤、万年龟，而我只做了40年的家庭主妇，但在料理方面我更在行”的宣传语，旁边肯定还有一个店员露出微笑的照片。

或许大家偶尔会看到将种植蔬菜的农户的照片贴出来的超市，但像这家超市这样将店员的照片都做成大幅海报贴出来的恐怕不多见吧。

10年前，当大型超市进入当地市场的时候，在这家超市附近的另外4家中小型超市全都被迫关门，而当时这家超市的社长杉浦国男作出了这样一个决定：“我们要成为对当地老百姓来说不可或缺的超市。”

2008年，借着店铺重新装修的契机，超市改成现在这个名字，在“超本地化”这一经营理念的指引下，超市将“与半径500米以内的当地社会紧密连接在一起”作为自身的发展目标。店门前也特意挂出了一个特别大的招牌，上面写着“超本地化超市”。

就在这个时候，国男的儿子杉浦大西洋提议说，应该制作大幅海报将店员的照片印在海报上，这样能够拉近顾客与店员之间的距离，除此之外可以通过举办各种活动来加深与附近居民之间的联系。多亏了杉浦大西洋的建议，店员和许多顾客都成了熟人，甚至相互之间都叫得出名字。

如今，这家超市因为店员能够记住顾客的名字且能够和顾客唠家常而经常得到媒体的采访和报道。

对顾客来说，出现在海报上的熟悉面孔向他们推销商品的话，可以使顾客产生一种亲近感。

据说一开始还有一些店员对将自己的照片印在海报上这件事比较抗拒，但现在所有店员都积极地想将自己的照片印上去。

通过在商品中加入人的要素之后再进行销售，这家店铺自然而然地创造出了自己的“故事”。

☑ 案例 2：

将自然与人融入商品，增加附加值

新潟县的农园俱乐部是一个专门销售新潟县上越市颈城地区出产的梯田大米的电商。这家电商最大的特点就是销售的不只是大米这种商品。

一般来说，销售大米的电商都会在网站上刊登很多商品包装的图片。但在农园俱乐部的网站上，你看不到一张关于商品包装的图片，取而代之的是人物和风景的照片。人物照片的主角是生产者和前来进行农业体验的人。

农园俱乐部提供一种非常有特色的服务，叫作“梯田承包制度”。所谓梯田，就是在坡地上修筑的条状台阶式或波浪式断面的田地。承包者只要支付一定的费用，就可以获得一部分梯田的一年使用权，并且能够收获梯田中产出的大米，这就是“梯田承包制度”。

因为水稻的种植和管理全部由农园俱乐部的合同农户负责，所以承包者除等待收获之外完全不用操心其他任何问题。

合同农户会将承包田里出产的大米直接送交给承包者。承包者可以亲自到田间免费体验除草、收割等农业种植的乐趣，还可以带孩子一起，让孩子感受劳动的快乐，或者在周围的山林中散步，享受自然的风景，在晚上甚至能够看到萤火虫。

如果仅从价格的角度来考虑的话，或许直接从超市里购买大米更为合理，但实际上成为承包者的顾客所购买的不单单是大米，更是拥有属于自己的梯田的满足感，以及能够享受农业体验的乐趣，也就是包含上述内容的“故事”。

“顾客的声音”比卖家的宣传更有用

说起在商品中加入人的要素，大家首先想到的可能都是社长、生产者、店员等销售方的“人”。但实际上购买方的人（顾客）也一样能够被加入商品之中。

让我们来看一个位于东京的广告制作公司的案例。

在这家公司的官方网站上，随处可见客户的留言。每一条留言都搭配有顾客的照片，留言内容大多是“为什么委托这家公司做广告”“最终的广告效果如何”等。夸张点说，每一条留言都可以发展成一个“故事”。

一般来说，广告公司的网站上并不会像这样特意将客户的照片刊登出来。普遍的做法是将自己的广告作品放在网站上进行宣传。但这种宣传方法无法使初次合作的客户了解广告公司是否能够拿出令其满意的作品。

而将客户的留言展示出来，效果就不一样了。即便是初次合作的客户也能很快地从留言中找到与自己的委托相类似的委托，切实地感受到广告公司的能力，从而更愿意与广告公司合作。

因为广告设计属于很难向顾客进行展示的商品，所以通过“顾客的声音”来进行宣传更有效果。

找到消费者的真正需求

大家都见过漫画或杂志外面的那种塑料包装吧。给漫画或杂志套上这种塑料包装的机器叫作包装机。有一家名叫大和高科的公司就专门生产面向书店的包装机，对比同行业其他公司，其市场占有率处于压倒性地位。

这家公司面向自己的客户书店推出了一本名为《大和信息》的季刊信息杂志。这本杂志最大的特征就是上面没有一丁点关于大和高科产品的介绍和广告，里面全都是从日本各地的各个书店收集来的信息，以及对书店店员的采访等内容。也就是说，这是一本充满书店和书店店员故事的信息杂志。其内容丰富翔实，深受书店店员们的喜爱，甚至有很多店员都期待下一期的杂志能够快点出版。

事实上，这本杂志在十几年前刚创刊的时候上面刊登的全都是关于自己公司和产品的内容，但这样的杂志被送到书店的时候根本没有引起任何人的兴趣。

于是杂志的编辑者开始思考顾客究竟想要看到什么样的内容，他们找到的答案是“同行其他书店的信息”。于是这本杂志开始逐渐增加与书店相关的内容，甚至在几年前彻底变成一个只刊登书店和书店店员相关故事的信息杂志。

像这样完全不提自己公司的事情，只刊登顾客和书店店员的故事，正是这本杂志成功的秘诀。

如今大和高科的市场占有率还在稳步提升，这也是因为其成功获得了书店的信赖。

与顾客之间的故事，是公司最宝贵的财富

我在对企业进行取材的时候，最常问的一句话就是“有没有能够体现贵公司企业文化的与顾客之间的故事”。因为一个具体的故事更有助于让人理解和接受企业的文化。

在这种情况下，能够立刻说出故事的公司往往更容易“利用故事促进销售”。然而，有时候即便是提出了非常吸引人的理念的公司，也一时间难以拿出具体的故事。这就非常可惜，因为与顾客之间的故事可以说是公司最宝贵的财富。

让我们来看一看总部位于长野市的中央出租车的著名案例。

1998 年长野举办冬奥会的时候，大量运动员、游客以及新闻媒体涌入当地，长野的出租车行业出现了史无前例的特需局面。

首先是各大新闻媒体争先恐后地与出租车公司签订了包车合同。中央出租车的汽车也全都被预约了出去。但就在这个时候，一名员工提了一个问题：

“冬奥会举办期间，一直以来约我们的车去医院的那位老婆婆怎么办？”

听到这个问题，公司上下专门召开了一次会议，讨论是否应该在冬奥会举办期间继续为市民出行提供服务。最后公司的经营者作出了这样的决定，取消包车预约，保持正常运营。

整个长野市拒绝提供包车服务的只有中央出租车一家。结果在冬奥会举办期间，同行业的其他公司都取得了相当于平时三倍的利润，中央出租车的销售额远远低于其他公司。

但是在冬奥会结束之后，游客和新闻媒体全都如潮水般退去。很多以前使用其他公司服务的顾客都转而成为中央出租车的顾客，中央出租车的销售额比冬奥会举办前增加了许多。

中央出租车这家公司成立于 1975 年，经营理念是“顾客第一，利益第二”。坦白地说，光看这个经营理念，恐怕很多人都会觉得这只是一句“漂亮话”罢了。但当他们了解到中央出租车在长野冬奥会期间发生的故事之后，都会由衷地感慨道：“确实如此。”

综上所述，通过一个具体的故事，可以使顾客对企业或店铺有更加深入和准确的了解。

坚持收集小故事，不用刻意去编

员工和顾客之间的小故事或许每天都在你的企业或店铺里发生。

如果你的企业或店铺没有建立起一个能够将这些小故事收集起来的体制，那么这些小故事就只能停留在现场的店员层面或者逐渐流失。好不容易有了能够用来传达公司理念、经营风格或者特征的故事，却没有被社长和管理层发现，这实在是太可惜了。

有一家兼营咖啡馆的点心生产销售连锁店就向自己的店员征集与顾客之间的小故事。

这家连锁店每年都会将征集到的故事制作成一本小册子然后发给所有的员工，其中优秀的故事还会获得管理层的褒奖，有奖金和奖品，这家店以此来提高员工的积极性。

你也可以试着在自己的企业或者店铺中建立起这样一种体制，每当员工与顾客之间发生了有趣的或者令人感动的故事，立刻将其记录下来，并且在公司内部共享。

比如员工可以将自己当天的见闻写下来通过邮件发送给管理层。如果是没有电脑联网的公司，可以让员工用纸和笔将故事记录下来，然后投进一个专用的盒子里。总之可以采用的方法多种多样，但最重要的就是将在现场发生的故事记录下来。

接下来要做的就是从收集到的小故事里选出最有代表性的几个向公司内外传达出去。

至于传达的方法更是多种多样，比如“定期整理成小册子向公司内外发放”“刊登在广告宣传册上”“写在博客上”“在早会上宣读”，等等。

这些优秀的小故事，能够让你的企业或店铺的整体故事显得更有说服力。

结语

不要再纠结产品，从找好故事开始

前几天我经历了一件非常有趣的事。我在新潟市西区内野商店街的米店（饭塚商店）参加了一场米饭评选活动。参加者有10名。

首先是将以下5种米磨成白米。

1. 饭塚商店的特选越光大米“收获故事”
2. 当地产特别栽培越光大米
3. 佐渡产特别栽培越光大米
4. 南鱼沼六日町产特别栽培越光大米
5. 附近超市的越光大米

然后是用5个饭锅同时煮饭。在等待米饭煮好的过程中，店主饭塚一智会为大家进行“大米讲座”。

他说的“大米是有生命的”这句话给我留下了非常深刻的印象。因为大米有生命，所以大米会呼吸。既然大米会呼吸，那么在保存大米的时候，必须对其进行非常严格的湿度和温度管理。除此之外，一智先生还为大家介绍了许多鲜为人知的知识。

听完讲座，米饭也煮好了。大家从饭锅里盛出香喷喷的米饭，然后一起品尝。一智先生给我们准备了很多下饭菜，有鲑鱼、梅干、腌菜、盐渍海带、咸鲑鱼子等。

一开始我们不知道哪碗米饭是用哪一种大米做的。等大家将5种米饭都尝过之后，所有人会一起用手指出自己认为最好吃的那一碗。结果有9个人都选择了饭塚商店的“收获故事”，只有一个人选择了卖价最高的高级大米。

评选结束后，大家一边七嘴八舌地交流说“我还是喜欢这个”“没想到超市的大米也挺好吃呢”，一边继续品尝剩下的米饭。参加者绝大多数都是大学生，除此之外还有带着孩子的家庭主妇。毫无疑问，参加者都感到很开心，但我觉得那天最开心的人是店主饭塚一智。

这次活动是“我们的街区、熟悉的店铺以及故事”这一大型活动的一个环节。活动邀请商店街的店主作为讲师，为参加者介绍与各自店铺相关的知识。

这次活动由非营利组织法人英雄农场的代表、鹤桥书店的店主西田卓司主办，至于举办的契机，据说是有大学生提出“希望能够更加了解内野商店街的店铺”，于是西田卓司便邀请了9家店铺的店主来举办讲座。

受邀的店铺除了米店，还有美容院、味噌酿造所、咖啡店、自行车行、海鲜加工食品销售店等。美容院的讲座内容是“对头皮损伤较小的洗发水讲座”，海鲜加工食品销售店的讲座内容是“汤汁的制作方法”，自行车行的讲座内容是“自行车的保养秘诀”，每家店铺的店主都毫无保留地将自己多年积累的经验讲述出来。

听了店主们的讲座，很多人才第一次知道，在这些之前他们从没进去过的小店铺之中竟然也有这么优秀的商品，或者从上一代那里继承了如此精湛的手艺。同时参加者也切实地感受到店主们究竟在工作上投入了多少精力和热情，也就是终于了解了那个店铺的“故事”。

当了解了“故事”之后，顾客自然就会喜欢上这个店铺，并且产生敬意。而这些感情最终会成为“想在这家店购买商品”的欲望。一般情况下，商店街的小商店只能依靠老顾客来维持生意，很难吸引陌生的顾客进店消费，特别是大学生顾客群体。而让顾客了解自己的

“故事”，就可以消除双方的隔阂，从而招徕更多的顾客。

这个将商店街与大学生组合在一起的创意实在是太了不起了。参加活动的大学生都感到很开心，而进行讲座的店主也为能够向年轻人传授自己的经验乐此不疲。

主办者西田的书店“鹤桥书店”其实也是一个卖书同时更卖“故事”的店铺。在店内随处可见为了“通过书籍加深人与人之间的联系”“发掘书籍与人类的可能性”而设计的细节。除此之外，西田也经常举办与书籍相关的活动。在他的书店里总是聚集着许多年轻人，大家都期望着能够在书店里有新的邂逅。

毫不夸张地说，西田的书店就是亲身实践了本书中介绍的所有“爱情故事战略”的项目，与顾客建立起了相亲相爱的关系，最终成为在当地社会中不可或缺的“有魅力的书店”。

我去新潟的时候也会偶尔到鹤桥书店看看，每次我都是想待一会儿就走，但每次都不知不觉地在里面逗留很长时间。就连参加米店的活动也是偶然路过鹤桥书店的门前，结果被西田叫住，他对我说：“川上先生，你来得正是时候啊。现在有个米饭的品鉴活动你有没有兴趣啊？”我这才参加的。参加这个活动的人全都互不相识，其中甚至还有从高知来的大学生。

鹤桥书店就是这样一个每天都有新的“故事”诞生的地方。所以不止住在附近的人，全国各地的顾客都被吸引前来。

西田不只关注自己的店铺，他还将商店街的所有店铺都动员起来，为加强当地商业的活力而努力。比如通过前文中提到的那个大型活动，店家或许就能够发掘出被埋藏在当地商店街深处的“故事的素材”。今后，只要将这些素材打磨成有价值的故事，并且顺利地传达出去，那么一定能够吸引更多的人来到这个商店街。

我在从饭塚商店返回的途中路过销售海鲜加工食品的大口屋，购买了几样店老板推荐的商品。后来我回到家之后品尝了一下当时买的佃煮（一种将小鱼和贝类等一起炖的食物）和味噌腌鱼，味道实在是好极了。我下次去内野的话肯定还要再买点。

正所谓酒香也怕巷子深，不管你卖的东西有多好，如果不能将其价值准确简洁地传达出去，那也无法吸引新的顾客前来。当然，存在这种情况的不只有店铺，即便是主要进行法人对象间交易的企业也一样存在这样的情况。像这样令人遗憾的店铺和企业在整个日本不知道究竟有多少家。

本书就专门面向这样的店铺和企业，通过列举大量的案例为其提供寻找新销售方法的灵感。本书堪称我过去所写的所有关于故事营销的书籍的集大成之作。在此，对所有被我作为案例列举的企业或店铺的诸位致以最衷心的感谢。

如果在读过本书之后，大家的企业或店铺能创造出新的“故事”，那将是我最大的荣幸。非常感谢读到最后的诸位。

希望能再次和大家见面。

川上徹也

2014年4月

川上徹也

湘南 Story Branding 研究所代表。大阪大学毕业后进入某大型广告公司，在销售部门和创意部门积累了丰富的工作经验后独立创业。作为广告文案撰稿人为 50 多家企业制作了广告。曾获得东京广告文案撰稿人俱乐部（TCC）新人奖、FUJISANKEI COMMUNICATIONS GROUP 广告大奖制作者奖、广告电通奖、ACC 奖等 15 种奖项。将"故事"的力量导入市场营销中并发明"故事营销"的第一人。著有《宣传语的基本》（日本实业出版社出版）、《用价格、品质、广告来决定胜负的话，有多少钱也不够用》（CrossMedia Publishing 出版）等。